Thameside

CW01629383

EN EL CORAZÓN DE KENIA

25 años de mi vida en el Opus Dei

ESTHER TORANZO FERNÁNDEZ

EN EL CORAZÓN DE KENIA

25 años de mi vida en el Opus Dei

Tercera edición

EDICIONES RIALP, S. A.
MADRID

© 1994 *by* ESTHER TORANZO FERNÁNDEZ
© 1994 *by* EDICIONES RIALP, S. A.
Alcalá, 290. 28027 Madrid

Primera edición: abril 1994
Segunda edición: octubre 1994
Tercera edición: diciembre 1994

Fotocomposición: M.T., S. A.
Fotomecánica: Megacolor, S. A.

ISBN: 84-321-2990-9
Depósito legal: M-36.228-1994

Impreso en Selecciones Gráficas, Ctra. de Irún, Km. 11,500, Madrid
Impreso en España – *Printed in Spain*

No está permitida la reproducción total o parcial de este libro, ni su tratamiento informático, ni la transmisión de ninguna forma o por cualquier medio, ya sea electrónico, mecánico, por fotocopia, por registro u otros métodos, sin el permiso previo y por escrito de los titulares del Copyright.

A Our Lady of Mount Kenya, *Señora de la Montaña, que domina las tierras donde moran cien tribus.*

A Wangoi, Auma, Nduku, Willo, Mutania, Ndunge, Indakuli... en Nairobi.

Y a Mumbua, Wanjiku, Nabangi, Bulejani y las que, con ellas, fueron desde Nairobi a comenzar el trabajo del Opus Dei en Nigeria, Costa de Marfil, Zaire y Camerún.

Este es el recuerdo –alegre– de 25 años de trabajo y de un camino que recorrimos juntas.

ÍNDICE

PRESENTACIÓN

Sin temor a exagerar, puedo decir que desde 1949, año en que conocí el Opus Dei, mi vida ha sido una gran aventura humana y sobrenatural. El paso de los años no ha hecho más que confirmar esta convicción mía. He sido testigo del inicio de las labores apostólicas del Opus Dei en Irlanda y en el Reino Unido. Por motivos de trabajo, he vivido por espacio de cinco lustros en Kenia, desde donde me ha sido posible contemplar la expansión de la Obra en el continente africano.

En La Coruña, el finisterre de Europa, donde ahora resido, he puesto por escrito mis recuerdos sobre África, con el deseo de llevar al lector de estas líneas a apreciar mejor la fecundidad de la vida del Beato Josemaría Escrivá de Balaguer, en servicio de la Iglesia universal.

LA AUTORA

MOSTRANDO EL PAÍS

Las culturas de Kenia son tan viejas como el hombre mismo. Se ha llamado a esta parte de África *the cradle of mankind*, la cuna de la humanidad, pues hay indicios para creer que en las orillas del lago Turcana anduvo por primera vez el *Homo erectus*. Desde aquel principio, este lugar ha sido cita de pueblos que se han ido mezclando, desde nuestros primeros antepasados.

Todas las edades de la Prehistoria y las civilizaciones antiguas están allí representadas[1]. Los restos de hachas de mano y raspadores dan evidencia de culturas de la Edad de Piedra. Entre 12.000 y 5.000 años a. C., tuvo lugar la invención del arco y la flecha. Se calcula que entre el 5.000 y el 3.000 a. C. coexistieron en la actual Kenia dos tipos diferentes de hombres: unos bajos y de cara ancha –los Gumba– y otros altos y delgados, con cara estrecha –los Dorobos–. Ambos vivieron juntos y en paz.

Aproximadamente 3.000 años antes de nuestra era, pueblos

---

[1] En la planicie rojiza del Serengueti, la profunda garganta de Olduvai –excavada por el matrimonio Leakey– contiene los restos del primer asentamiento del hombre hoy conocido; restos de hace 1.700.000 años. Los estratos estudiados dan una lectura fascinante: utensilios, alimentos, armas usadas por el hombre prehistórico. En años más recientes se han descubierto junto al lago Turcana nuevos fósiles humanos de hace 5 millones de años.

bantúes procedentes del África Occidental, consiguen establecerse en el interior del país; son agricultores, trabajan el hierro y comienzan a domesticar animales; se trata de las primeras generaciones de las tribus Kikuyu, Luhya, Kamba, Meru, Embu... que forman la mayor parte de la población actual.

Del norte llegaron los Luo, pueblo nilótico que se estableció junto al lago Victoria; y los pueblos camito-semíticos, pastores, como los Galla y los Somalíes, que se sitúan en el este. Más tarde se introdujeron los nilo-hamitas, como los Kalenjín y los Turcana, pastores también; y los Maasai y Shamburu, pastores y nómadas.

Desde el exterior del continente, los fenicios probablemente comerciaron en las costas de Kenia en tiempos pre-cristianos; posteriormente, llegaron los griegos, persas y árabes[2].

A partir del siglo XI, se desarrolla una cultura árabe en la costa, que depende de su asociación con los pequeños estados islámicos independientes: Lamu, Gedi, Manda, Zanzíbar y Mombasa. Este último es el más importante, con un puerto seguro y un comercio próspero. Desde el siglo XIV los portugueses influyen en todo el litoral; sin embargo, a finales del siglo XVIII, los árabes recuperan el control de la zona, y el Sultán de Zanzíbar arrienda parte de la costa keniana a una compañía inglesa privada.

Kenia se convierte en punto de interés mercantil para Inglaterra; en 1895 pasa a ser protectorado y desde 1920, una colonia británica. Es entonces cuando comienzan los viajes de penetración europea –exploradores, misioneros– en el interior del país y se inicia su colonización, de la que el ferrocarril fue principal instrumento.

El ferrocarril tuvo un trazado de 1.000 km, desde Mombasa hasta la frontera con Uganda: empresa gigantesca, una de las aventuras de ingeniería más grandes del mundo; 32.000 trabajadores indios construyeron las líneas de un tren que sube desde el nivel del mar, y se interna por el desierto, los montes y las selvas

[2] Gran sorpresa para los arqueólogos ha sido la cantidad de porcelanas y monedas chinas encontradas en ciudades de la costa; en contrapartida marfil, ámbar gris, pieles de leopardo y oro se exportaban en grandes cantidades, desde Malindi y Mombasa. También se han encontrado cartas africanas de navegación a China.

vírgenes, a través del ecuador, hasta llegar a más de 3.000 m de altitud, antes de empezar a descender hacia las húmedas orillas del lago Victoria.

Se trata de una construcción increíble que cruza la mayor parte de la geografía y de los climas kenianos. Los Kikuyu y los Maasai llamaban al ferrocarril *La serpiente de hierro* y los ingleses, en el Parlamento, lo llaman *The Lunatic Express,* el tren loco. El coste inicial no era recuperable, ya que este tren no transportaba mercancías ni pasajeros. Para hacer útil el ferrocarril, entre otras razones, Gran Bretaña inicia una política de llamamiento y establecimiento de colonos ingleses, a lo largo de esta «serpiente de hierro».

Los pioneros, atraídos por el rico potencial agrícola de esta tierra de veranos eternos, llegan cada vez en mayor número. También la mayoría de los indios, que habían venido para construir el ferrocarril, se quedan en Kenia, creando pequeñas agrupaciones de tiendas –las *dukas*– de las que el indio es propietario; así comienza a formarse una valiosa clase social y económica intermedia entre los colonizadores y los africanos.

El gobierno inglés adjudica a los nuevos colonos parcelas óptimas para el cultivo en las *High Lands* (tierras altas), grandes extensiones, al parecer, sin uso ni habitantes nativos. Esas zonas se denominaron *tierras de los blancos*; en ellas se creó un estilo de vida propio, ya que los ingleses importaron su arquitectura y muchas costumbres. En 1920 el número de europeos que vivían en Kenia era de 10.000; al final de la segunda Guerra Mundial ascendió a 30.000.

El Reino Unido desarrolla todos los sectores económicos, especialmente la agricultura y la ganadería; promueve la construcción de escuelas y hospitales, erradica enfermedades y traza carreteras.

Pero las tribus africanas se consideraban dueñas de los grandes territorios tomados por los europeos; inevitablemente, hubo amargura, que se expresó en la lucha de los africanos por el *uhuru*, palabra *kiswahili*[3] que significa «libertad». Gran Bretaña, tras un

[3] Lengua de la tribu Swahili. Al igual que otras palabras que designan lenguas, lleva el prefijo *ki.*

período de dejación progresiva de poderes, concedió a los africanos la plena independencia en 1963. Kenia pasó a pertenecer a la Commonwealth, con Jomo Kenyatta como Presidente.

Hoy, Kenia es una república gobernada por un presidente, la Asamblea Nacional (que consta de 172 miembros, 158 de ellos elegidos por votación en los diversos distritos) y un Gabinete de gobierno, constituido por el presidente y 23 ministros. Hay elecciones cada 5 años y hasta finales de 1992 existió un solo partido político. El Gobierno ejercita su autoridad a través de comisarios provinciales y de distrito; estos cargos son ocupados en su totalidad por africanos desde 1965.

A pesar de la lucha y los conflictos de un pasado todavía reciente, la transición fue serena; muchos de los europeos continuaron en el país y Kenia es hoy una sociedad homogénea y tolerante, en la que el europeo y el asiático, junto a los africanos, tienen un valioso papel en la construcción de la nación.

La patria de tan distintos pueblos se caracteriza también por su gran diversidad geográfica. Kenia está situada en el ecuador, entre los 4 grados de latitud norte y los 4 grados de latitud sur; y aparece al este del continente, bajo el *Cuerno de África* que ocupa Somalia. Limita al norte con Etiopía; al oeste con Sudán, Uganda y el Lago Victoria, (que es compartido con Uganda y Tanzania); al sur limita con Tanzania, al este con Somalia, y posee 450 km de costa bañada por el Océano Índico.

La república keniana tiene una extensión de 582.644 km^2 (80.000 más que España y 35.000 más que Francia). Su población es de 20 millones de habitantes; 8 millones más que la ciudad de Londres y 3 más que el número de habitantes de Nueva York.

Las principales ciudades son Nairobi, la capital (edificada en los últimos 80 años, a 1.660 metros de altitud sobre el nivel del mar y con más de 750.000 habitantes), y Mombasa, puerto antiguo y principal de la costa este africana, con más de 400.000 habitantes. Es ciudad tradicional, construida hace más de 1.000 años. El puerto antiguo fue la entrada al país de los primeros exploradores y misioneros cristianos, de los comerciantes y mercaderes de esclavos.

Los más espectaculares macizos y cordilleras del continente negro se elevan en las tierras altas de Kenia, contiguas al Valle del

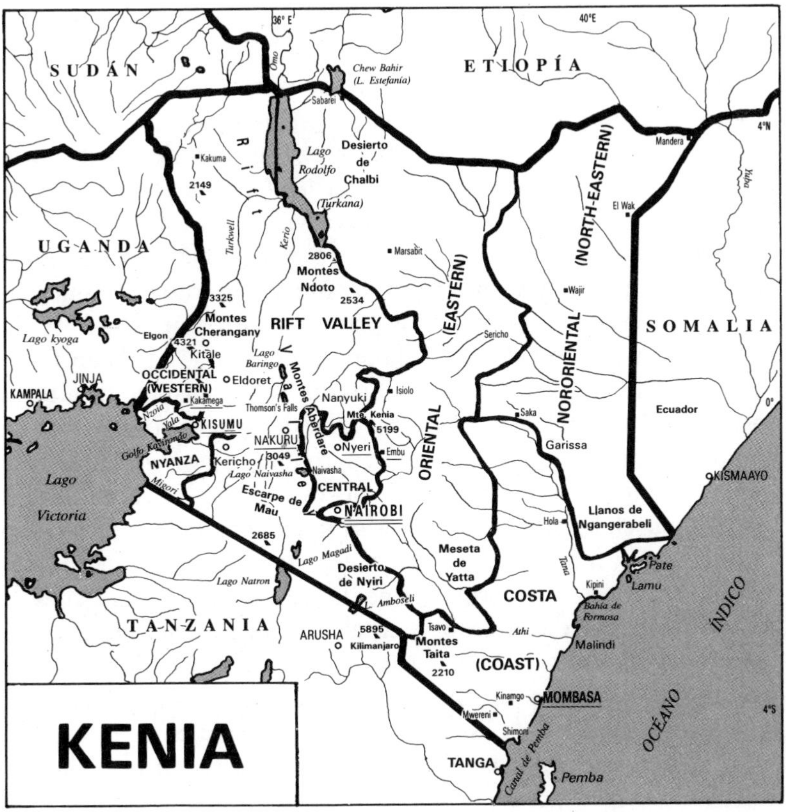

Rift. Aparte de su esplendor panorámico, son los únicos lugares de África que presentan nieves perpetuas y glaciares. El Monte Kenia, de 5.200 metros de altura, y el Monte Kilimanjaro, de 5.895, son las alturas máximas del continente. El Kilimanjaro perteneció a Kenia hasta que la reina Victoria de Inglaterra hizo de él el regalo de bodas a su familiar el Kaiser Guillermo II, pasando así la montaña a pertenecer a Alemania y actualmente a Tanzania.

Sin embargo, por estar el Kilimanjaro sobre la misma frontera keniata, a Kenia llegan sus grandes laderas; desde Kenia se disfrutan sus perfiles más bellos y toda la caza de las planicies Maasai del Serengeti de Tanzania, sus cientos de miles de ñus, cebras y antílopes, aprendieron hace milenios a encontrar agua en el Maasai-Mara de Kenia. Y así llegan cada temporada de lluvias, cruzando fronteras dos veces al año, pero sin dejar de moverse en su misma estepa Maasai.

La Gran Falla –Rift Valley– cruza el país de norte a sur: cicatriz gigante cortada en su tierra roja. Comienza el Rift en el Mar Muerto y termina en el lago Nyassa, en Malawi, con más de 6.500 km de longitud; es la falla más grande y más singular de la superficie terrestre y se distingue claramente en fotografías hechas a 150.000 km de la tierra por los primeros astronautas[4].

En Kenia tiene la Gran Falla una anchura que oscila entre los 50 y los 70 km, con acantilados cortados sobre su suelo de alturas sobrecogedoras, hasta 2.000 m. El Valle del Rift está salpicado de conos volcánicos, algunos activos, y todos de gran variedad geológica y gran interés botánico. De norte a sur de la Gran Falla, se distinguen: el Kinamgop y las Montañas Aberdare, cercanas al Monte Kenia; luego el cráter de Menengay, donde viven en muy pequeño número los Dorobos, una de las dos tribus aborígenes de Kenia. Cerca ya de Nairobi está el Longonot, con sus grandes fumarolas. Más al sur, Susua, accesible sólo en vehículos de doble tracción, y el Kilimambogo, que significa «Montaña del Búfalo», por la gran cantidad de estos animales que viven entre sus selvas.

Las cercanas colinas Ngong Hills, también en el Valle del Rift, son de fácil acceso y se dieron a conocer por los libros de Karen Blixen, *Lejos de África* y *Sombras sobre la hierba*, después llevados al cine.

También se adorna la Gran Falla con una cadena de lagos espectaculares –los Grandes Lagos, bellos y poco profundos, con señales de una reciente y continua actividad volcánica: sulfataras y geiseres a grandes temperaturas–; más al norte están el lejano lago Turkana –un mar de jade en el desierto pedregoso–, los lagos Baringo y Bogoria, con riberas de gran variedad cromática, y

[4] Presencié la entrega de esas fotografías por los astronautas americanos a Mzee Jomo Kenyatta en 1965.

En la formación de la Gran Falla, el zócalo continental se agrietó en un sistema de hendiduras que constituye la sima más grande del mundo. Se dice que la Gran Falla es resumen –con su grandeza inmensa y su variedad– de la esencia del continente entero.

los lagos Elementaita y Nakuru, ambos en parques nacionales. El lago Nakuru es el centro de mayor concentración de flamencos.

Viajando desde el norte y antes de llegar a Nairobi, se encuentra el lago Naivasha, paraíso de cientos de especies de pájaros; y más al sur, el lago Magadi, con grandes depósitos de trona[5].

Las tierras fértiles del Rift oscilan entre los 2.800 y 1.500 m de altitud. Desde ellas se desciende al litoral por bosques y selvas, hasta adentrarse en zonas áridas y semidesérticas. Antes de llegar a Mombasa se encuentre el desierto de Taru. En tiempos antiguos, este desierto fue la gran barrera hacia el interior del país. Durante cientos de años, sólo las caravanas Swahili se aventuraban a cruzarlo para buscar riqueza en forma de esclavos y marfil.

Las *High Lands*, con plantaciones de té y cafetales, van perdiendo altura hacia el oeste hasta el lago Victoria, antes llamado Nyanza, que posee una extensión de 68.100 km^2 [6]; es el mayor lago del continente y el segundo del mundo. En él nace el Nilo; la búsqueda de sus legendarias fuentes fue una ardua empresa para los exploradores del siglo pasado. No consiguieron su propósito, a excepción de John Speke que, viendo el enorme torrente que cae de las cascadas de Ripón, en Juja –Uganda–, dedujo que éste era el principio de los 6.666 km del camino del Nilo, el río más largo del mundo y nacido aquí, en el Victoria, Nyanza. Speke tuvo contradicciones con relación a su hallazgo y murió de tan trágica y oscura forma que le llevó a Sir Richard Francis Burton a pronunciar la frase:

«There is a time to leave the dark continent, madness springs from Africa». Pensaba que el continente oscuro –desconocido más bien– podría causar la locura en el hombre blanco.

---

[5] Carbonato de sosa cristalizado; relativamente escaso en la superficie terrestre. Entre sus muchas aplicaciones está la fabricación del vidrio. Los depósitos del Lago Magadi tienen 45 km de profundidad y el carbonato se genera tan pronto como es extraído. Magadi es el yacimiento más importante en el mundo, después del Salton Sea de California.

[6] Equivalente a la superficie que·ocupa Castilla-León. Mar interno de gran belleza, a 1.135 m sobre el nivel del mar, enclavado entre montañas.

He tenido la dicha de vivir en Kenia durante veinticinco años, trabajando profesionalmente en diversas iniciativas docentes promovidas por mujeres del Opus Dei. Mi hogar ha sido durante ese tiempo la prodigiosa variedad del paisaje africano, con sus montañas y lagos, con su exuberante fauna y flora que he compartido con sus pobladores de ébano y con el sol. En Kenia se está inmerso en la naturaleza, que es nueva, de belleza intocada, donde las cosas menudas están en armonía con los grandes espacios abiertos, y la silueta del Maasai, inmóvil, apoyado en su lanza, representa en su ligereza y su equilibrio el relativo dominio del hombre sobre la creación.

VUELO A NAIROBI, UNA CIUDAD EN EL SOL

Llegué a Kenia en 1965; después de trece años en Inglaterra, iba al encuentro de un nuevo país, un continente, nuevo también, del que no sabía nada, pero que hoy, después de 25 años, es parte de mí misma. Esto me ha ido ocurriendo, sin notarlo, sin esfuerzo. ¿La causa? Creo yo que la magia de sus gentes, tan distintas como los cuatro grupos étnicos de los que proceden; pero tan acordes en su trato humano, su hondo sentido religioso, su alegría vital, su gran amor a la familia, su talento para la música y la danza.

Me introdujo en el país, sobre todo, el valor grande que vi en sus gentes y también aquella naturaleza: los desiertos y las montañas con glaciares y cumbres nevadas; los grandes lagos y la costa de corales; sus plantas exóticas y los altos árboles con copas llenas de flores –de flores rojas como llamas, de flores amarillo limón, y de color lila como las jacarandás en tiempo de Navidad–.

Así se vive en Kenia, en un verano de doce meses, al aire libre, al sol o bajo los árboles, con el cielo azul sobre ti y la tierra rojiza bajo tus pies; y la naturaleza toda a tu alrededor; y los animales, grandes y pequeños; y el aire ligero, lleno de oxígeno; en un mundo de sonidos amables, de paz serena. Y siempre con alguien amigo al lado, porque virtud común a todas las tribus es la hospitalidad, y en África nadie está solo.

Viajo en un vuelo de la British European Airways; es de noche y como lo único visible, fuera del avión, son las estrellas, me pongo a buscar las que conozco: la Osa Mayor, el Carro, las Pléyades; y me vuelvo hacia mi compañera de vuelo:

–No encuentro ninguna estrella conocida, ni siquiera la Vía Láctea.

–Ni nunca más la encontrará. Vamos a otro hemisferio, con constelaciones distintas que usted nunca ha visto: Centauro, Carina, Vela, Antares –una estrella muy brillante de la constelación de Escorpión–. Y si tiene suerte, algunas noches puede ocurrir que descubra la Cruz del Sur.

Mi compañera de vuelo es una mujer mayor; me dice que acaba de jubilarse y que, antes de irse a vivir definitivamente con su hija a Nueva Zelanda, va a trabajar durante dos años en una misión presbiteriana en Zimbabwe. Oyó hablar de la necesidad de voluntarios en su parroquia de Escocia y le pareció algo bueno emplear así dos años de su vida.

Me pregunta por mis planes, y le explico que soy doctora en Derecho y voy a Kenia para trabajar en favor de la educación y promoción de la mujer africana.

–Interesante proyecto –replica la señora– para las actuales circunstancias de África; la felicito. ¿Cuánto tiempo piensa permanecer en este país?

–En realidad voy a Kenia por tiempo indefinido; supongo que hasta que me ataque un león o me envenene una serpiente.

Mi compañera escocesa se ríe y me dice:

–Posible, posible. Pero en África el insecto es más peligroso que la fiera, y el microbio más que el insecto. Allá están la mosca *tsé-tsé,* el mosquito anofeles, los virus tropicales. Usted, para empezar, defiéndase de la malaria, la belharsia, las amebas, el tifus, el cólera, la fiebre amarilla, la enfermedad del sueño...

Cambio el giro de la conversación en cuanto puedo: no quiero tener miedo; vuelvo a mirar las estrellas desde mi ventanilla, mientras pienso en mi compañera de vuelo que da sus últimos años de trabajo a las gentes de África.

En Irlanda conocí a muchas universitarias que, antes de establecerse profesionalmente en su país, al terminar sus estudios, solían trabajar una temporada en las misiones católicas de habla inglesa. Gran ayuda sería que chicos estudiantes siguieran esta costumbre en lugares de su propia lengua: ayudarían a elevar la cultura, el nivel de vida; mejorarían las costumbres morales de otros países, y se enriquecerían ellos mismos aprendiendo de otros pueblos y civilizaciones.

Van transcurriendo las ocho horas de vuelo; ahora se va haciendo de día rápidamente y me doy cuenta de que abajo –debemos estar perdiendo altura ya– no hay selva cerrada como yo esperaba (reminiscencias de películas de Tarzán), sino matorral y tierra seca, árida; y un lago que mi compañera de avión llama Rodolfo (ahora se llama lago Turcana, como la tribu que vive en sus alrededores).

Por la megafonía anuncian que nos estamos acercando al aeropuerto de Mbakasi, en Nairobi. Se trata del antiguo aeropuerto, después destinado a carga de mercancías.

Ahora veo, salpicando la sabana, árboles que se acercan deprisa, son los *thorn trees*[7], típicos del país. De sus copas, como si fuesen inmensas fuentes planas con encajes verdes, están comiendo con delicada cortesía las jirafas, más altas que los árboles. Sus cuellos son armoniosos y se inclinan suaves; casi veo desde el avión sus grandes ojos y sus pestañas largas y arqueadas.

Me gustan las jirafas, pienso, mientras digo adiós a mi nueva conocida, que continúa viaje a Zimbabwe y con la que he intercambiado direcciones. Recojo mis múltiples bolsas de mano y me acerco a la salida con los ojos medio cerrados ante la gran claridad y la bofetada de calor que, desde que han abierto las compuertas, llega hasta dentro del avión.

El gran señor de África es el sol, y fuera hay una luz que no he visto nunca: es blanca, un derroche de claridad que quema, que

[7] Acacias punzantes.

reverbera en las superficies, que hace brillar de forma exagerada todos los colores.

Veo que los empleados del aeropuerto –*kanzu*[8] blanco, fez rojo y pies descalzos– sonríen a los que llegamos; yo les devuelvo con gusto la sonrisa, pero lo que quiero encontrar en este momento son las caras europeas que pienso que me han venido a esperar. Oigo mi nombre y, al mirar hacia la pequeña terraza del aeropuerto, veo a Tere Temes, una de las mujeres del Opus Dei que inició las labores apostólicas de la Obra en África. Viene acompañada de dos jóvenes africanas. Enseguida me las presenta: son Auma Wanjala y Mumbua Charles, estudiantes de Kibondeni, donde se va iniciando la Escuela de Hostelería[9].

Me alegro de verlas y pienso en las abundantes oraciones y gestiones del Beato Josemaría Escrivá de Balaguer, Fundador del Opus Dei[10], que desde Roma había realizado la *prehistoria* del trabajo apostólico y colocado los fundamentos del quehacer que teníamos por delante en el continente africano.

Tere, Mumbua y Auma me ayudan a colocar el equipaje en un Volkswagen que parece haber recorrido muchos años el *rally* africano; me dicen, con orgullo, que es el coche de la casa y nos ponemos en camino.

Auma y Mumbua me han dejado el asiento delantero. A los lados de la carretera sigo viendo jirafas y *thorn trees;* ahora, muy de cerca, pasan grupos de cebras y antílopes; los linderos del aeropuerto están señalados por cientos de buganvillas de mil colores. Pregunto si el aeropuerto está enclavado en la misma selva y Tere me explica:

–En realidad, el aeropuerto, como el mismo Nairobi, está en la sabana, pero seguiremos viendo animales durante un buen rato, porque estamos muy cerca del National Park[11], que se inauguró

---

[8] Amplias túnicas de algodón, largas hasta los pies y de color blanco.

[9] Cfr. pp. 46 y ss.

[10] Beatificado en Roma el 17 de mayo de 1992. Cfr. D. Le Tourneau, *El Opus Dei,* Oikos Tau, Barcelona, 1986 y R. Gómez Pérez, *El Opus Dei. Una explicación.* Rialp, Madrid, 1992.

[11] También llamado Game Park. Son éstos, como las reservas, terrenos muy extensos, protegidos por el gobierno para asegurar la vida de los animales en su

en 1946; tiene 113 km^2 y en él viven en paz búfalos, rinocerontes, leones, guepardos, leopardos, hipopótamos, cocodrilos y hasta 90 especies de animales más. Las fieras están en libertad porque hay en el parque secciones sin vallar que van a las Athi Plains, al otro lado del río Mbagathi, que forma su frontera natural.

Los rebaños de animales que solían vivir y comer junto a las carreteras de Nairobi se han ido apartando, poco a poco, hasta internarse en las selvas de Tsavo. Con la aparición del parque, estas grandes familias de animales han vuelto y el antílope y el búfalo se ven frecuentemente junto a las carreteras.

Ahora empiezan a aparecer largas hileras de casas, todas iguales, con paredes de cemento gris, puertas pintadas de rojo y ventanas sin cristales. En los alrededores, suciedad y descuido.

—Es el barrio africano —me dice Tere.

Esto me desconcierta: si estamos en África, todos los barrios serán africanos, pienso; pero me callo recordando que estoy en otro continente, en otro hemisferio y que tengo que empezar a aprender.

Después de muchas hileras de casas de cemento y puertas rojas, entramos en diversos cruces de carreteras, con rotondas ajardinadas: piedras decorativas, pitas gigantes, plantas de hoja carnosa, cactus, acacias y esterlicias.

Ahora, la voz de Mumbua:

—Vamos a entrar en la ciudad, sólo para que visites al Santísimo Sacramento en la Catedral; nosotras vivimos fuera, a media hora de Nairobi, y queremos llegar pronto a casa; todas están deseando verte.

Damos la vuelta a una rotonda y nos encontramos, de frente, con la *Holy Family Cathedral,* con su baptisterio anexo y con un colegio funcional y grande, construido en el mismo terreno de la catedral. Auma me explica que es un buen colegio, nada caro y con una lista de espera larga, ya que los padres católicos no matriculan a sus hijos más que en escuelas católicas. Y otras muchas familias las prefieren también, porque el nivel y la calidad

---

entorno natural. Son los Parques Nacionales como un acuerdo entre el hombre y la naturaleza. Acuerdo afortunado.

de enseñanza en ellas es alto. Las escuelas católicas se llenan enseguida.

Con el tiempo me di cuenta de que la enseñanza es un tema clave para la sociedad keniana. Todos conocen bien cada una de las escuelas. Los periódicos publican listas de los primeros cinco, los primeros diez y hasta los primeros veinte colegios del país, de acuerdo con las calificaciones obtenidas en cada curso escolar. Las familias se sacrifican por educar a sus hijos y los estudiantes aprovechan el tiempo. Como ellos dicen:

–*We do our best*[12]

Cerramos el coche y entramos las cuatro en la Catedral: vidrieras de vivos colores de arriba abajo, en la parte central; en el presbiterio, mármol de tonos claros muy limpio y brillante; mucho espacio; no hay imágenes. Internamente doy gracias a Dios por haber llegado a mi nuevo país y le pido que, si le parece bien, no deje que se me acerquen esos insectos y virus para los que no hay vacuna.

Salimos a la carretera otra vez, pasamos junto a los campos de deporte de la universidad, el Casino y un grupo de tiendas y supermercados pequeños. Tere anuncia:

–Estamos en Westlands, muy cerca de casa.

Llegamos muy pronto a Kibondeni: es un edificio extenso de piedra gris azulada, moderno, con puertas sólidas y pocos y pequeños huecos en el primer piso –razones de seguridad–. En cambio, por dentro, todas las zonas de trabajo, espaciosas, están situadas alrededor de un gran patio lleno de sol –¡otra vez el sol!–; paredes blancas y galería alta con balaustrada de madera oscura. Una enorme enredadera de lluvia de oro cubre una de las paredes de verde y flores.

Visito el oratorio de la casa; desde la galería, Olga Marlin, sonriendo, baja a saludarme; ya había conocido a Olga en Irlanda, ahora es profesora en el University College y directora de Kianda Secretarial School, la Escuela de Secretariado; le pregunto cómo pueden haber conseguido aquel edificio y un oratorio tan recogi-

[12] «Hacemos todo lo que podemos.»

do y hecho con tan buenos materiales, y me explica que todo se ha construido con fondos donados por los católicos alemanes y de Estados Unidos. Olga continúa:

–El tríptico, que tanto has admirado, fue encargado expresamente para Kibondeni por el Fundador del Opus Dei, que quiso que uno de los ángeles pintados a los lados de la Virgen con el Niño fuera un ángel africano; Cuca Canel trajo los óleos desde Roma aún sin secar del todo.

Mumbua se acerca para avisarnos: es la hora del *lunch*[13]. Pasamos a un pequeño comedor; estamos pocas en la mesa, faltan las profesoras de Kianda. Hablamos de mi viaje, y me ponen al corriente de la situación del trabajo que lleva a cabo el Opus Dei en el país.

Por la tarde voy con Joan Gilmartin, una veterinaria australiana que realiza trabajos de investigación en Kenia, a ver Nairobi y sus alrededores.

Mientras la espero, escribo dos cartas: una es para el Fundador del Opus Dei –me había pedido, en Roma, que así lo hiciera en cuanto llegara–; en ella le cuento cómo ha sido el viaje, mis primeras impresiones de Kenia, y cómo he encontrado a las de la Obra que viven aquí. La otra carta es para Inglaterra, llegada a fin de destino: Inglaterra-España-Italia-Kenia. Y no lo digo en la carta, pero pienso que no podré olvidar nunca mis años en Gran Bretaña, igual que ahora me ocurre en relación a Kenia.

Frente a la ventana –toda abierta– de la habitación donde escribo, se extiende una gran llanura rica de sol y grandes campos, campos amarillos, quemados, maltratados por el calor; ya ha pasado el mediodía, pero aún no hay sombras, todo es sol; no se mueve nada, no se oye nada; sólo está el sol quemándolo todo, callando todos los sonidos, anulando todo movimiento. Y un insecto mínimo (¿una chicharra?) empieza a cantar en el malezal cercano; alguien está despierto –excepción diminuta– en el reino quieto del sol.

---

[13] Comida o almuerzo.

Estoy ya en Kenia, mi nuevo país.

Y estoy en Kibondemi, mi nuevo hogar.

Oigo la voz de Joan que me llama desde el patio, recojo las cartas; salimos para Nairobi.

NAIROBI DE CERCA

Yo voy a contar de Kenia cómo la fui aprendiendo: mirándola. Me enseñaron los africanos a aprender así: mirando y pensando y volviendo a mirar; y entonces, pararte en el tiempo, como si te sentases con tu pensamiento, y admirar; y así, aprender.

Después, no olvidar esa imagen interior de asombro, de hallazgo, de color y alegría que los occidentales llamamos *conocimiento* y de la que los africanos casi no hablan: la callan (no definen, ni clasifican, ni fosilizan); y así, la dejan libre, incompleta, como la encontraron en la tierra, en la sabana, en las faldas de las montañas hirvientes de caza, en la nieve de las cumbres sagradas.

Nos llega misteriosa en sus mitos –que dicen pero no todo, ni claro–; en el ritmo polifónico de sus tambores y en la figura cerrada, plegada dentro de sí misma, del danzante; en la ceremonia –muestra de la cultura social de cada tribu–, y en la música y la canción –poesía–; en las máscaras, la magia y las danzas rituales.

Imagen diferente en la mirada de cada tribu; retina de su interior, que es enigmática, como de mago, en el Taita, atrevida en el Maasai, medida en el Kikuyu, amable en el Kamba, esteta en el Luo, líquida en el Kalenjín (la tribu de los pies de gacela de las Olimpiadas) y acogedora, muy humana, en el Waluhya. Y hay en todos sabiduría de siglos.

Yo a Nairobi lo empecé a conocer por sus alrededores, y éstos hacen que la ciudad sea única y fascinante en cualquier dirección que se tome: a 30 km al sur, está el National Park, con cerca de 100 especies de animales y una extensión de más de 100 km^2. Hacia el norte se encuentran los cafetales primero y, después, las plantaciones de té, y las montañas y lagos de las tierras altas de los Kikuyu. Maravilla tras maravilla es esta subida al Escarpment. Al este, tomando la carretera de Mombasa, se llega en veinte minutos a las tierras de los Kamba: caza menor y colinas –siempre hay una colina detrás de la que has subido–; y luego se entra en las selvas del Tsavo, la tierra de los elefantes.

En mi primer día en Kenia, Joan dirigió el coche hacia el oeste;

–Antes de ir a Nairobi, te voy a llevar a las Ngong Hills; llegaremos en un cuarto de hora –y cogió los prismáticos.

En pocos minutos estábamos en campo abierto –Kibondeni está en las afueras de Nairobi– y empezamos a cruzar *shambas* (fincas) plantadas de maíz, de una especie de lechugas grandes que se llaman *sukuma,* de tomates y *passion fruit,* una fruta rica en vitamina C que crece trepando por las vallas y los troncos de los árboles; también había aquí y allá plataneros y árboles de papaya, plantados como en racimos.

Todo estaba verde, como recién regado: como un tapiz verde era aquel valle; y «sembrado» de *huts*, las casitas redondas de barro, con puertas y ventanas de madera y techumbre de hierbas de color marrón en forma de cono, muy graciosas; hay gallinas por allí y, a veces, una vaca atada junto a la casa. Mujeres de silueta llena trabajan su parcela y se hablan de vez en cuando por encima de las vallas blancas hechas de pedruscos.

–Terreno Kikuyu –dice Joan–: son agricultores cuidadosos, muy trabajadores, prácticos, de mente alerta; las mujeres son emprendedoras también. Es tribu que ama mucho la tierra. Hay un proverbio que dice en su lengua: *Gicigo kia mugunda gitinyihaga,* que significa: «Un trozo de tierra no es asunto de poca importancia».

Quiero hacerme una fotografía junto a un *hut* y Joan para el motor del coche y, en kiswahili, pide permiso a su dueña. Como por encanto, salen de él tres o cuatro *watoto* (niños) que quieren formar parte de la foto y tocarme las manos. Además, les debemos hacer mucha gracia porque no hacen más que reírse y mirarnos, al tiempo que no paran de repetir:

–*Mzungu, mzungu, mzungu.*

–Te están llamando «blanca»; eso es todo –me explica Joan.

Nos tocan las manos; esto les gusta porque tienen otro color y quieren examinar de cerca cómo son. Ellos mismos dicen: «Los africanos vemos con las manos». También les agrada nuestro pelo, por ser liso y largo, tan distinto al suyo.

Con la algarabía, otras puertas de otros *huts* distantes se abren y, a la carrera, vienen más *watoto.*

–*Mzungu, mzungu, mzungu.*

Las mujeres nos miran y se sonríen. Joan les pregunta:

–¿Dónde van los niños a la escuela?

–Los mayores a Dagoretti –dicen, señalando en una dirección.

–¿Buena escuela?

–*Mzuri sana*: muy buena.

Y nos vamos con nuestra foto de un *hut,* tres o cuatro *watoto* y un verde de fondo que rezuma vida, y un cielo que es la definición de azul.

Empieza el coche a subir, en primera marcha, una cuesta pina. El paisaje va cambiando: se vuelve rocoso, seco; y frente a nosotras aparecen, esbeltas, las Ngong Hills que, a distancia, semejan los nudillos de una mano: cuatro, de distintas altitudes, bien proporcionadas. Pero luego, cuando se recorren, son siete y no aparecen tan juntas ni tan amables al dejarse escalar.

El coche sigue subiendo, con esfuerzo, durante mucho rato, y en un recodo encontramos al primer Maasai; es un hombre joven, pero ya maduro, rectilíneo, con ojos muy negros, grandes y altivos; su tez no es muy oscura; lleva una lanza larga y pesada y viste una túnica rojiza que hace que se le distinga claramente en estas alturas semi-desérticas.

Apenas contesta con un gesto al *Kwaheri!,* saludo que le

dirigimos juntas (yo lo había aprendido esa misma mañana, en el aeropuerto).

—Ya estamos en terreno Maasai —dice mi nueva amiga—. Esta tribu es de pastores y nómadas. Son muy inteligentes, pero aún no tienen escuelas en su territorio, aunque esto irá cambiando. Es una tribu guerrera, pero éste que hemos visto no es un *morán.*

—*¿Morán?*

—Sí, se llaman así los guerreros de la tribu; cuando son muy jóvenes, deben permanecer sin casarse y defendiendo a los demás durante siete años. Llevan un peinado y unos adornos especiales, por los que se les conoce; pero éste no los llevaba.

Hay un buen trecho aún hasta la cumbre y dejamos el coche: subimos a pie hasta el primer pico. Desde la ladera por la que vamos ascendiendo, el paisaje del verde valle Kikuyu se hace más ancho y más lleno de *huts*, con su olor acre de humo que sale de los fuegos donde se prepara la comida familiar.

En cambio, cuando llegamos a la cima, frente a nosotras no hay ladera: estamos en el borde de un corte vertical de 2.000 metros de altura, con la Gran Falla frente a los ojos. El profundo valle del fondo es de una vastedad sobrecogedora. Su color —quizá por la espesura de tantas capas de aire entre él y la cumbre— es irreal, azulado, con la neblina con que se suelen ver las montañas muy lejanas. Es la impresión de lo que nunca viste, ni imaginaste que pudiera existir; es como creación salida de las manos de Dios y que está ahí, sin tocar: de una belleza deslumbrante, de unas medidas locas y como innecesarias, que no guardan proporción con lo que el ojo puede ver y los pies andar. Aquello parece eterno, infinito, inmutable; y entiendes que los Maasai consideren sagradas a las Ngong Hills, asiento y mirador de la divinidad, y las veneren por ello.

Joan me deja los prismáticos y me enseña a distinguir una *manyatta,* poblado Maasai, en el valle. Consiste en una cerca ovalada de espino con viviendas en su interior.

—La cerca —dice Joan— queda cerrada, de forma que no puedan entrar las fieras en el poblado; cada familia tiene su vivienda y, de noche, los ganados quedan al raso, pero dentro de la cerca, para estar protegidos.

–Yo me quedaría aquí más tiempo –comento.

Pero tenemos que seguir nuestro viaje a la ciudad.

Nairobi es una ciudad de contrastes. Tiene un centro, que debió ser el inicial, con calles más bien estrechas, comerciales; los edificios son de uno o dos pisos. Cuando yo llegué, sus constructores y dueños eran, en su mayoría, indios; ahora hay también tiendas de africanos. Los mercaderes viven frecuentemente en los pisos sobre sus tiendas. Este barrio es el Baazar típico y sus calles limítrofes son Tom Mboya Strett, Goverment Road y River Road.

Hay aquí mucho comercio, también de mayoristas, imprentas, mecánicos y venta de piezas de repuesto de maquinaria y coches. En estas calles se encuentra todo –casi todo, porque es difícil proveerse de lo básico– y viene a Nairobi a rachas: muchos platos o muchos cuchillos, o muchas baterías de cocina, o muchos exprime-limones. Luego, desaparecen, no se sabe hasta cuándo. Comprar es un arte difícil, pero lo que hay y a los mejores precios, está en este área del Baazar.

También visitamos el City Market (mercado), con muchos puestos africanos –Kikuyu en su mayoría–: flores en abundancia y económicas (las fincas de flores que exportan a Europa y Japón en invierno son muchas); la mercancía aquí es barata, porque se vende la que no se ajusta a los requisitos del mercado internacional; hay también carnicerías surtidas –carne de caza, sobre todo– y pescaderías. Vi tiburones pequeños que se usan en la cocina india –estupenda– para hacer *currys*[14]. Y hay zapateros. De todo. Pero especialmente me llama la atención la calidad de las frutas y verduras frescas, con el doble de tamaño que las europeas.

Fuera del City Market hay tiendas de objetos africanos para regalo: cestos de paja y sisal hechos a mano –*kiondos*– y telas de algodón de muchos colores, para hacer vestidos de estilo africano o faldas largas –*kitenges*–; y collares de conchas y caracolas de mar, de malaquita y piedras duras; y muchas tallas –de ébano

[14] Plato de carne, pescado, etc. condimentado con especias; propio de la cocina hindú.

algunas–, hechas por artistas Akamba. Entre estas calles descubrí un imponente edificio: la Mezquita Jamia, con sus minaretes.

–Aquí –me cuenta Joan– reparten comida gratuitamente todos los viernes a cuantas personas la pidan.

–¿Es tradición musulmana? –pregunto.

–Sí, y una forma práctica de poner por obra el mandato del Corán de dar limosna. Si alguien pide algo a los musulmanes en viernes, hacen lo posible por ayudar. Son rezadores también: ya los verás pasando las cuentas engarzadas en hileras largas, mientras se dirigen a Alá.

En otra parte de Nairobi, entre University Way, Uhuru Highway y Kenyatta Avenue, se encuentran construcciones imponentes: hoteles de lujo, bancos, empresas multinacionales, edificios oficiales y las Casas del Parlamento.

Después, desde los años 70, constantemente irán apareciendo rascacielos bien construidos, de buena línea, entre las zonas verdes, que se han respetado. El Kenyatta Conference Centre actual, de 344 pies de altura, tiene 28 pisos y un restaurante giratorio en su parte alta; la sala de mayor capacidad tiene forma de *hut* africano. Este Conference Centre es lugar constante de cita internacional, de congresos y reuniones científicas. Al final de las sesiones de trabajo siempre se cuenta con un sol radiante, los doce meses del año, y la experiencia única de los parques.

Hay una cinta verde de jardines y campos de deporte y de golf que cortan el Uhuru Highway con el Uhuru Park, el Central Park y el Chiromo Forest.

Vi una sinagoga judía, un templo sigh y la catedral anglicana. Hay varias iglesias católicas en las afueras; de una de ellas, San Pedro Claver, me explica Joan:

–Es la primera de Nairobi; la construyeron los goeses, que son casi los únicos indios católicos; les llevó la fe San Francisco Javier y desde entonces, nunca la perdió el país.

–¿Por qué has dicho «casi»? ¿Hay otros indios católicos?

–Sí, los de Bangalor descienden de católicos desde los tiempos de los Apóstoles. Se cree que Santo Tomás apóstol predicó en esa zona, y familias principales de este territorio se bautizaron y han trasmitido la fe a sus descendientes hasta hoy. En Kianda, estudia una alumna de esa región, Marilyn de Sousa.

Sólo he visto dos imágenes de la Virgen en toda la ciudad: una, fuera de la Iglesia de San Francisco Javier: es una Virgen de Lourdes, en una gruta –alguien ha dejado unas flores cerca–; y la otra, en un ángulo de la gran explanada de la catedral católica que había visitado por la mañana.

–También tenía flores –le digo a Joan.

–Sí, se las pone cada noche una estudiante de Kianda College, Ursula Okondo.

Joan sugiere que tomemos una taza de té, antes de regresar a Kibondeni.

–Dime, Joan, ¿cómo nació esta ciudad tan bonita, tan limpia y cuidada? –pregunto.

–De casualidad –contesta Joan–. La planicie en la que se asienta Nairobi era terreno Maasai, pantanoso y de arroyos fríos, donde la tribu traía a beber sus ganados[15]. Mientras se construía el ferrocarril, se destinó este terreno como base para almacenes y maquinaria; también, para viviendas de los trabajadores; los comerciantes indios abrieron numerosas tiendas para abastecerlos. Con todo esto, se fue creando un centro importante. Además, al empezar a llegar los pioneros, trabajaron las tierras altas, vecinas a esta zona y servidas ya por el ferrocarril.

Lo que hoy has visto empezó en 1907, y está en vías de tener un futuro de gran desarrollo. Otro día te enseñaré el Área Industrial: es muy grande, y está en las afueras; también verás los barrios residenciales. Hoy has visto sólo la City. Todo empezó –continúa Joan– en un lugar vivo sólo por el tren. Mosquitos, ranas, serpientes, roedores y un buen puñado de enfermedades eran los únicos residentes de Nairobi hace 58 años.

Me devuelve Joan a Kibondeni y ella sigue en su coche, hacia la universidad en la que trabaja. Aquella primera noche duermo sin notar los mosquitos, hasta que me miro en el espejo a la mañana siguiente.

Durante los días que siguen ayudo a preparar Kianda College;

[15] Nairobi significa en lengua Maasai: «lugar de aguas frías».

pronto empezará el tercer trimestre y es allí donde tengo que incorporarme.

Por las noches, después de cenar, solemos ver un largo informativo de la única cadena televisiva del país; allí se suceden escenas de la vida nacional: la escuela que ese día ha inaugurado el Presidente, la fábrica que ha aumentado su capacidad de producción, el nuevo diplomático que hace entrega de credenciales, el Ministro de Educación presentando libros en un politécnico. Me conmueve la falta de medios y alguien que nota mi reacción me dice, animante, por lo bajo:

–Despacio y con esfuerzo, esa es la tónica actual; «el camaleón no corre, pero llega hasta la copa del árbol», es un proverbio africano; apréndetelo, te será útil.

Uno de los momentos del día más gratos para mí, es el que sigue al almuerzo; entonces tenemos un tiempo de tertulia bajo los mangos y allí me voy enterando de historias familiares; me cuentan los primeros viajes desde Europa, me enseñan palabras en kiswahili, y me explican los años del Mau-Mau –la revuelta africana– y la celebración de la independencia nacional que ellas ya vivieron. También solemos hablar de los acontecimientos diarios vividos en Kianda y Kibondeni.

UHURU!

«El continente se mueve, una raza despierta.
Todo un ritmo nuevo penetra el mundo,
un color nunca visto poblará el arco iris,
una cabeza se alza.
África va a hablar.»

Lo anunció un poeta de Costa de Marfil y, efectivamente, en 1939 Libia era el único estado independiente de África, pero en menos de tres decenios, la casi totalidad del continente africano había alcanzado la independencia.

En Kenia, el estado de emergencia por la rebelión del Mau-Mau en los años 50 cesó en 1960 y, aunque la vida en el país se había normalizado, la rivalidad política entre el gobierno colonial y los africanos no cesó. Al contrario: los grupos africanos de presión siguieron pidiendo más voz en el gobierno.

El grito de *Uhuru!* –¡Libertad!–, repetido durante los últimos cinco años, unió a los 70 grupos tribales que, en el pasado, fueron rivales frecuentemente. Ahora, juntos, quieren independencia, un gobierno africano para su país.

Las primeras mujeres del Opus Dei llegaron en 1960, pocos

años antes de la independencia. Traían un proyecto educativo para jóvenes, abierto a todas las razas y religiones; una idea enfrentada con el problema candente en aquel momento: la segregación. Nairobi estaba entonces dividido en tres zonas residenciales: zona para vivienda de europeos, la de familias asiáticas y la de africanos; esta última confinada en barrios periféricos de la ciudad, con edificios y condiciones higiénicas precarias.

La casa que unas señoras amigas habían buscado para el grupo pionero, estaba situada en la zona europea. Se llamó como su barrio, Invergara; era moderna, con un jardín amplio y una huerta donde crecían árboles frutales y también patatas, tomates y verduras de distintas clases. Allí empezó la Escuela con diecisiete alumnas europeas, que tenían interés en aprender lo necesario para llevar bien un hogar.

A la vez que Invergara impartía sus cursos, las mujeres de la Obra de habla inglesa buscaron puestos de trabajo en Nairobi: Margaret como secretaria, Mary Mahoney como enfermera en el Kenyatta Hospital, Olga como profesora de inglés y francés en un colegio europeo y en el Royal College.

Junto con los cursos oficiales de la Escuela, se empezaron otros más informales de cocina continental para señoras africanas y europeas. Había puntos de interés común entre aquel pequeño grupo recién llegado y el de este país joven con «vientos de cambio que nadie puede ya parar», como había anunciado en El Cabo Harold Mc. Millan, el primer ministro británico.

Los africanos estaban interesados en aprender modos y culturas occidentales, pero sin perder sus tradiciones. Y en esa tradición contaba, como raíz primera, lo religioso: *Mungu,* Dios, que estaba sobre todo lo humano; y junto a esto, la familia: la familia inmediata –padres e hijos– y la familia extensa –hermanos, tíos, sobrinos–, que abarcaba después al clan entero y a la tribu propia. Y luego, importaba la tierra, que las tribus agricultoras –la mayoría– conocían y trabajaban; la unían a la vida misma y era la razón primera por la que ahora pedían *Uhuru!,* ¡Libertad!: para ser dueños de su propia tierra.

Además, las familias africanas tenían ante los ojos, como interés muy principal, la educación –educación occidental– para sus hijos y, en muchos casos, para sí mismos. Quizás por estos puntos de interés común y porque las recién llegadas entendieron bien el alma africana y la hicieron suya, tuvieron pronto muchos amigos.

—Se ve que nos tenéis cariño —era el comentario general.

Años más tarde, Pamela Mboya, representante de la ONU en Kenia, pronunció el discurso de apertura del nuevo edificio de Kibondeni School —subvencionado por la Comunidad Europea en 1985—, cuyo embrión había sido Invergara. Ante el Delegado de la Comunidad y la directora de la Escuela, Berny Okondo, una Waluhya del Opus Dei, explicó:

—Yo aprendí, junto a otras muchas cosas, mis primeras recetas de cocina en Invergara, cuando el Opus Dei llegó a este país.

Aquellas primeras conocidas eran entonces mujeres modestas, que vivían en la reserva africana, pero con afán de aprender y de superarse. Eran inteligentes, buenas conocedoras de las gentes, conscientes de su propio valer y dignidad: eso lo demostraron todas las tribus en los años anteriores a la independencia. Estas mujeres fueron agradecidas y no olvidaron su amistad con Invergara; con el paso del tiempo, sus maridos, o en algún caso ellas mismas, llegaron a ser figuras preeminentes en el país.

Hacia el final del primer curso, solicitó ser admitida en la Escuela una chica goesa de raza india; para poder aceptarla, todos los vecinos de la zona debían firmar dando su consentimiento. Las profesoras de Invergara fueron de puerta en puerta con el documento correspondiente, pero todos se negaron a firmar. Hubo que decir a la madre de la niña goesa que no se la podía admitir: fue un momento difícil, pero aquella señora lo entendió; años después, pidió la admisión en el Opus Dei y su nieta fue una de las primeras alumnas de Kianda High School.

Había que dejar Invergara y buscar una zona donde las alumnas europeas, goesas y africanas que lo desearan pudieran inscribirse en la Escuela.

Quiero ahora hacer un inciso y mencionar a una mujer a la que admiré mucho y que ayudó positivamente a la integración racial de Kenia.

Dorothy Hughes, de padres ingleses y de religión protestante, nació en Nairobi, creció en Eldoret y fue la primera mujer arquitecto en África del Este. Se casó con un hombre de negocios irlandés, John Hughes, y tuvieron ocho hijos. Durante los años anteriores a la independencia, fue miembro del Parlamento; estuvo en Londres como delegada en la Conferencia de Lancaster de 1959 y, al finalizar su vida política y hasta su muerte, trabajó en obras importantes de asistencia social. Se convirtió al catolicismo y educó en esta fe a sus hijos. Su trabajo como arquitecto en la planificación de Nairobi fue valioso, y ofreció su colaboración, generosamente, en la construcción de la catedral católica de Nairobi, en los años 60.

La familia Hughes fue una de las primeras a las que visitó Olga al llegar, porque se trataba de amigos de un amigo común de Dublín. Ahora, al tener entre manos el problema de Invergara, acudieron a Dorothy, que entonces trabajaba en la sección de planificación del Ayuntamiento.

Me lo contó la misma Dorothy, varios años más tarde, un día en que fui a pedirle consejo sobre unas plantas que no me crecían bien. Ella estaba sola, tomando una taza de café en su cuarto de estar, elegante, cómodo y decorado con piezas antiguas de estilo árabe, elegidas, me dijo, en Mombasa y Lamu por ella misma.

–Tuvieron que dejar Invergara –empezó–. Para lo que ellas proyectaban tenían necesidad de un inmueble en zona multirracial, lo que era muy difícil; había pocos y reservados para empresas internacionales o para embajadas.

–¿Les pudiste ayudar? –pregunté con interés.

–Creo que sí; en realidad, las ayudamos todos desde el Ayuntamiento, porque una escuela privada y para africanas era un regalo bueno para el país; y ellas, además, querían que fuese multirracial. Abristeis el primer *College* multirracial femenino en Kenia. Kianda College, Escuela de Secretariado, fue un paso decisivo en la formación de la mujer africana.

–¿Te pareció un atrevimiento? –volví a preguntar.

–Fueron valientes; se atrevieron con mucho, pero trabajaron mucho también, sin cansarse ante las dificultades. Y el Gobierno valoró el esfuerzo.

–Cuéntame cómo apareció Kianda –le pido.

–Mirando planos y más planos de la ciudad. Descubrimos que la zona donde estaba enclavado el consulado japonés se había declarado zona interracial; estaba junto a la reserva africana de Kangemi, en la actual carretera Nairobi-Mombasa. La casa vecina al consulado pertenecía a dos hermanas inglesas, solteras, que querían marcharse a Canadá. La casa era muy pequeña; habéis ido añadiendo una o dos aulas cada año.

–Sí, Dorothy, y he oído que les acabó de entusiasmar la gran jacarandá frente a la entrada de la casa; estaba en flor y, alrededor del árbol, había una alfombra lila de pétalos frescos, caídos durante la noche.

Así empezó Kianda College.

Uno de los problemas de entonces para los africanos era la dificultad que tenían para educar a sus hijos; querían para ellos una vida mejor que la suya propia y veían la escuela como el camino para conseguirlo. Pero, aunque las familias tenían medios de subsistencia –grandes tierras y una agricultura familiar suficiente–, carecían de dinero para pagar la escuela: los terribles *school fees* (tasas escolares) por los que los padres luchaban y se sacrificaban hasta límites increíbles.

En muchos casos, los padres mandaban a la escuela al primer hijo varón: ese hijo especial en la familia africana que debe ser modelo, dar ejemplo a los hermanos que le sigan: el que «manda», si el padre no está en casa; y el responsable de toda la familia, si el padre muere. A éste, los padres procuran educarlo para que él, a su vez, lo haga con su siguiente hermano, y así sucesivamente.

Aun teniendo los medios, ser admitido en una escuela no era nada fácil, porque había pocas: las del gobierno y las de los misioneros no eran suficientes. Por eso, la demanda de plazas era grande y los alumnos estudiaban mucho, todo lo que podían, por lo que suponía para sus padres y hermanos el haber sido admitidos.

Si la educación era un problema para los chicos africanos, para las chicas lo era más, y en los años 60 eran pocas las que podían pasar de la escuela primaria. En Kianda se busca cómo ayudar en esta dificultad y se piensa en continuar con los cursos ya comenzados en Invergara y añadir cursos de secretariado de un año.

Pero para eso hay que preparar el profesorado. Constance Gillan, en Irlanda, aprueba unos exámenes de Taquigrafía y Secretariado y se viene a Kenia con el Diploma necesario. En Nairobi no valen para el nuevo proyecto ni unas licenciaturas en Historias y Ciencias Empresariales, ni un Máster en Latín Medieval; hay que presentarse a los exámenes necesarios para obtener la titulación precisa. Todo esto se va haciendo mientras se prepara el edificio.

–Kianda –decían– es un parque con una casa en medio.

Eso era: dos hectáreas de terreno con árboles, pájaros, plantas y flores tropicales: buganvilla en forma de arbustos y una avenida de jacarandás. Al final de nuestra finca, al fondo, hay una caída de nivel en el terreno y abajo comienza un valle con paisaje africano: muchas *shambas* bien cultivadas, *huts* redondos con techo de paja, plataneros y caminos de tierra hechos con las pisadas; niños pequeños que juegan, algunas personas mayores y algún borriquillo gris: es la reserva africana; se llama Kangemi. De este valle lleva su nombre el centro: Kianda quiere decir «valle fértil», «donde crece todo lo que se planta».

En febrero de 1962 se adquiere la casa y pronto empiezan las clases. El certificado otorgado por Kianda está reconocido en Inglaterra –en esta fecha Kenia es todavía parte del Imperio británico–. Desde Londres vienen a examinar a nuestras alumnas; por nuestra parte, hacemos lo posible para que Kianda alcance el nivel de prestigio de centros similares europeos y americanos.

Además de las asignaturas específicas de los cursos, la escuela organiza una serie de actos culturales: conferencias, exposiciones de arte, proyección de películas y diapositivas, charlas de urbanidad, conciertos... Las alumnas toman parte en debates y programas de radio. Quienes lo desean pueden recibir clases de doctrina cristiana y asistir a las charlas del capellán. En pocos meses, alumnas de las tres razas que conviven en Kenia asisten regularmente a esos medios de formación religiosa.

Evelyn fue la primera alumna africana; andaba cada día más de cinco kilómetros para llegar a la Escuela; venía descalza, con los zapatos en una bolsa para no estropearlos, y se quitaba el barro de los pies lavándose en el grifo del jardín, antes de entrar en clase. Ahora, Evelyn es una de las mujeres más conocidas del país: directora de un banco, dueña de una escuela de moda y diseño y editora de una revista.

Se van matriculando más estudiantes africanas y siguen llegando alumnas goesas, de Zanzíbar, indias de Bengala. Tazín es una alumna ismaelí y Julie, mahometana.

Aparecen estas líneas en un periódico de Nairobi:

> «Polacas, italianas, irlandeses, inglesas, americanas, goesas, kikuyas, tavetas, luos, ismaelíes, hindúes, punyabis. ¿Qué pueden tener en común todas estas nacionalidades, tribus y credos?»

Y sigue el artículo diciendo que la evolución de la sociedad joven de Kenia necesita este tipo de iniciativas: «Hace pocos años —añade— estas chicas estaban separadas por una barrera: la barrera racial. Y Kianda College ha venido a llenar una necesidad urgente: la de enseñar, en estos momentos de crecimiento del país, la comprensión y la convivencia.»

La carrera de secretariado era muy cotizada; los puestos se daban a profesionales inglesas y a alguna asiática. Kianda logró preparar a unas 30 secretarias africanas antes de la independencia de Kenia, en diciembre de 1963. Fue el momento en que las secretarias inglesas dejaron vacantes sus puestos para volver a su país. Las 30 alumnas africanas de la escuela fueron absorbidas inmediatamente en puestos de responsabilidad.

Siguió una época en la que las firmas y oficinas del Gobierno estuvieron casi paralizadas por no poder contar con personal administrativo. Fue entonces cuando las profesoras propusieron a algunas entidades oficiales los *sponsorships*, idea por la que la firma o entidad gubernamental pagaba los estudios de una alumna en Kianda, durante un año —la duración de un curso—. Después, esta chica se comprometía a trabajar para ellos por el número de años estipulado en el contrato. La firma le pagaría el salario normal y tenía garantizada una secretaria competente.

El éxodo de personal inglés continuaba. Las profesoras de Kianda se desplazaron a las ciudades de donde habían venido las solicitudes: Kilungu, Mukumu, Kakamega, Eldoret. Buscaron las candidatas por el país entero. Según las estadísticas publicadas por el Ministerio de Educación, en diciembre de 1964, el 40% de las alumnas que terminaban la enseñanza secundaria estudiaban ahora cursos de secretariado.

Los organismos oficiales hacían a Kianda College ofertas fijas de *sponsorships,* que renovaban anualmente según su volumen de trabajo. East African Community ofrecía 20 becas anuales a nuestras alumnas.

Era la solución ideal para el problema económico de las familias africanas: ahora no eran sólo los chicos los que ayudaban a sus hermanos más jóvenes: las hijas, con estas becas, tenían al cabo de un año un buen sueldo y, mientras estudiaban, incluso la parte de la beca que cubría sus gastos personales, la enviaban íntegra a sus familias. El *ujamá* africano[16].

[16] Costumbre tribal de cooperación y ayuda entre miembros de la familia extensa.

HARAMBEE!

Kenyatta había sido puesto en libertad en el año 1959, y para entonces Gran Bretaña preparaba ya la independencia de Kenia. Los africanos aumentaron sus exigencias y se celebró una conferencia en Londres (1960) en la que se les satisfizo y se inició una etapa de transición. En 1962 Kenia logra la autonomía interna; y la independencia, el 12 de diciembre de 1963, adoptando un año después la forma de gobierno republicano, dentro de la Commonwealth, con Jomo Kenyatta como presidente. Kenyatta, ante la sorpresa general, siguió una política moderada, pacifista y anticomunista.

Al grito anterior, *Uhuru!* (libertad) sucedió el de *Harambee!* (todos a una), que se repite cientos de veces en los discursos políticos. Es un *slogan* que simboliza una doctrina de esfuerzo personal y colectivo y que va a canalizar las rivalidades tradicionales de las tribus en una actividad y trabajo constructivo y de interés común.

Harambee! llamaba a la mayoría de edad de un pueblo joven y creó un sentimiento nacional. Los muchos grupos étnicos comprendieron que habían llegado los tiempos de formar una nación independiente y unida y que todos a una habían de contribuir. De ahí que los discursos políticos, las reuniones culturales, deportivas o administrativas empiecen y acaben con el mismo grito: *Harambee!*, que se corea con entusiasmo.

Mzee Jomo Kenyatta solía gritarlo, con una entonación y una pausa especiales, tres veces al final de sus discursos en inglés o en kiswahili, y conseguía una contestación, a coro, enardecida. Luego, en voz más baja, terminaba dando las gracias: *«Asante sana Wanainchi»*[17].

En este esfuerzo común por formar una nación, ahora en pleno desarrollo, la mujer estaba llamada a jugar un papel importante.

Desde 1950, la ley y la costumbre tribal permiten que la mujer vaya a la escuela. Desde la independencia, se siente en el país la urgencia de elevar su nivel y de ayudarla para que desempeñe la función que le corresponde. Uno de los problemas principales de Kenia era formar a la juventud y hacia eso se encaminan serios esfuerzos; el Gobierno agradece y valora la iniciativa privada en este campo; especialmente si esta iniciativa está soportando valores religiosos y morales.

De todas formas, las chicas tenían un futuro académico difícil. Así, desde el año 60 al 63, el 40% de las muy pocas alumnas que terminan el Cambridge School Certificate –título equivalente a la enseñanza media–, continuaban sus estudios en el extranjero con becas. Otro tanto por ciento semejante se casaba y quedaba en los poblados; el resto conseguía venir a Nairobi para hacer un curso de Magisterio o de Enfermería.

Las mujeres del Opus Dei, a la vez que desarrollaban el proyecto educativo de Kianda College, estudiaron la posibilidad de atender las tareas domésticas[18] de Strathmore College[19] –con instalaciones industriales modernas y completas– y montar, a la vez, una escuela de Hostelería que se llamaría Kibondeni.

[17] «Muchas gracias, ciudadanos».

[18] La administración doméstica de los centros del Opus Dei está encomendada a las mujeres de la Obra, previamente cualificadas para atender los servicios de cocina, lavandería, limpieza, contabilidad, etc., con mentalidad profesional.

[19] Colegio-Residencia promovido por miembros del Opus Dei en Nairobi, donde se preparaba a los alumnos durante los dos años anteriores al inicio de los estudios universitarios.

La instrucción correspondiente a esta Carrera daría una base científica a la atención higiénica de los hogares africanos, a su dieta alimenticia –defectuosa a veces en las costumbres tribales– y a la economía familiar. Podría ser incluso la iniciación, individual y familiar, de pequeños proyectos industriales y comerciales relacionados con la Hostelería. Además, hospitales, escuelas, hoteles iban a necesitar personal preparado a los pocos años, ya que los cargos de supervisoras quedarían vacantes al irse muchas de las profesionales inglesas, después de la independencia del país.

Se determinó que esta preparación duraría tres años, para conseguir dar una buena capacitación práctica y teórica en todos los departamentos. Strathmore pagaría a las alumnas por sus horas de trabajo práctico; de ese sueldo, las alumnas abonarían a la Escuela una parte como importe de matrícula, y con el resto cubrirían sus gastos personales. Las familias no tendrían que sufrir buscando cómo educar a sus hijas, que serían ahora, junto con el hermano mayor, ayuda en la educación de los hermanos más jóvenes.

Una de las primeras misiones católicas kenianas, y de mayor desarrollo, estaba en Nyeri[20]; allí se buscaron las primeras alumnas de la Escuela de Hostelería. Mary y Olga visitaron al Señor Obispo de Nyeri, quien les presentó a las monjas encargadas de la misión. A ellas les gustó la idea de una carrera de la rama de Hostelería, abierta para mujeres; les enviaron algunas estudiantes y ofrecieron, además, puestos de trabajo a las que terminasen sus estudios en Kibondeni.

Aún no ha conseguido Kenia su independencia, pero todo sigue tranquilo, en calma, «como antes de empezar las lluvias» se dice en África cuando hay silencio; y, al igual que Kianda un año antes, se inicia ahora Kibondeni School.

Kibondeni significa «en la colina», porque está a la misma altura de la colina de Msongari. La casa está rodeada de un terreno amplio, aún sin vallar. Frente al edificio, un campo de baloncesto, un poco de jardín y un muro alto en la parte de atrás, que la

[20] Aquí instalaron la misión más importante del país, con granjas agrícolas, escuela, dispensarios y un hospital alrededor de la iglesia de la misión.

separa del College. Hay, además, una hilera de bambú gigante que cubre el muro y lo sobrepasa incluso. Donde termina la hilera de bambú, corre el río Nairobi, aquí sólo un hilo de agua, que limita la finca. En esta dirección, y desde la ventana lateral del primer piso, se ve la silueta del Monte Kenia si la mañana es clara.

Detrás del jardín y frente a la casa, campos y campos de nadie, hasta llegar a la reserva Kikuyu de Dagoretti y a las Ngong Hills, con sus rebaños de búfalos y de antílopes, y donde, a veces, hay leones que bajan a la casa de Karen[21] buscando ganado.

Un periódico de Nairobi publicó, por entonces, la noticia de que se había visto un león en las inmediaciones de Strathmore. Lo que sí se oían en Kibondeni, por las noches, eran las carcajadas desagradables de las hienas, siempre con hambre. Junto al río Nairobi había también un nido de serpientes pitón. Pero eso no se sabía entonces.

Las personas que nos conocen ayudan en la búsqueda de alumnas, pero dudan de que las chicas sean capaces de terminar unos estudios de tres años y realizar un trabajo nuevo, desconocido para ellas.

—Se aturdirán —decían—; en sus casas se barre el suelo con una rama de árbol; no hay ventanas; se cocina sólo *posho* (maíz y verduras). Una casa europea no la querrán ni regalada. No les gustará aprender lo que pretendéis enseñar.

—Se os marcharán, no están acostumbradas —comentaban.

A pesar de los malos agüeros, a todas las alumnas les gustaba estudiar hostelería; sólo dejaron la escuela unas pocas que añoraban a su familia, y les facilitamos volver con los suyos.

Tres licenciadas en Ciencias Domésticas vienen a hacerse cargo del trabajo en Kibondeni: Cuca Canel y Carlota Díaz, desde España e Inglaterra respectivamente, y Rosario Insausti, desde Kianda College. El Fundador del Opus Dei envía, desde Roma, un tríptico para el oratorio: una Madonna pintada sobre lienzo antiguo que dejó asombrado al «vista» de la Aduana cuando hizo desenvolver el paquete.

---

[21] Esta zona recibe su nombre de la escritora Karen Blixen; es la zona que ocupaba su cafetal.

Conchita Kaibel –que llegó de Europa poco tiempo después que el primer grupo pionero– trabaja ahora en la dirección de la Kenya Women Association y es lectora en los cursos de Nutrición de la Universidad de Nairobi; empieza a tramitar con el Ministerio de Educación la titulación y los programas de la Escuela. No hay nada hecho aún en este terreno en el país. Pero quieren ayudar a las alumnas con un título oficial que les asegure un puesto de trabajo. Emma Njonjo, encargada de Enseñanza Media Femenina en el Ministerio, promete ser ella la que entregue personalmente los certificados de la primera promoción.

Las alumnas están contentas, aprenden a estudiar, trabajan con interés y son alegres, divertidas, con sentido del humor. Se les despierta su innato gusto por el deporte y forman un buen equipo de baloncesto que compite con otras escuelas. Mientras tanto, las clases de agricultura –obligatorias en todos los colegios de Kenia– van transformando el terreno bajo del jardín en una huerta verde y de variados cultivos.

Pronto las alumnas se sintieron como en su casa. Casi ninguna sabía cuándo había nacido, por eso, no se celebraban sus cumpleaños, pero les gustó mucho festejar sus respectivos santos. El día de Eufrasia, por ejemplo, se celebró adornando con flores silvestres su silla en el comedor y cantando el *sikuku,* equivalente al *Cumpleaños feliz*. Como cada una pronunciaba su apelativo a su manera, no se sabía muy bien a qué santo hacían referencia sus nombres y lo calculábamos por aproximaciones fonéticas.

En Kibondeni empezaron a recibirse visitas de directores de algunas escuelas y de padres de las alumnas: venían a ver el Colegio y a conocer a las profesoras, porque las chicas estaban contentas.

Desde Kibondeni School quisieron devolver esas visitas, como correspondía a las tradiciones de hospitalidad africana. Las profesoras volvían conmovidas por los recibimientos que les dispensaban[22].

---

[22] La profesión de maestro –*Teacher, Mwalimu*– goza de gran prestigio entre los africanos; infunde respeto. Incluso, algunos Jefes de Estado (Moi, N'Krumah, Senghor, Nyerere) comenzaron su carrera siendo *teachers* y lo

Además, al principio, todas estas profesoras eran europeas, y resultaba inaudito que una *teacher* blanca visitase a las alumnas en sus casas para conocer a las familias.

Una milla antes de la casa, ya esperan en el camino los hermanos más pequeños y los sobrinos. El saludo es siempre un apretón de manos, aunque la forma de presentar la mano varía en cada tribu; y las palabras, también:

Soba es el saludo Maasai, y se contesta igual

Murembe, el Luhya. Y la mano que se da, se sujeta con la otra por la muñeca. Se contesta *Muremba.*

Msawa es el saludo Luo, y se contesta *Msawa Hinya.*

Nikwega es Kikuyu, y se contesta con la misma palabra. Cuando se saluda a varias personas, se dice: *Muriega* y se contesta *Turiega.*

El apretón de manos es más fuerte y, sobre todo más largo, cuando la amistad es mayor. La efusividad también varía con la etnia. Yo diría que el límite frío, elegante, lo dan los Maasai. Y el más alegre y caluroso es el de los Waluhya. Pero nunca parece un gesto rutinario, sino de sincero aprecio y de bienvenida.

Estaba diciendo que según se aproximan al poblado –el camino está adornado con buganvilla–, se acerca más gente joven que va rodeando a las profesoras. Los *mezee* (ancianos) saludan y la familia espera fuera del *hut,* que han adornado con flores de bienvenida, por fuera y por dentro. Aunque en el campo haga calor, el *hut* es fresco; y en los meses de lluvia, hay una hoguera en el centro del suelo, hecha sobre tres piedras que sostienen la *sufuría* –recipiente de aluminio– con el *posho,* y que por la noche, cuando ya no se usa como cocina, calienta la casa.

Los asientos son troncos cortados. Se reúnen muchos vecinos porque una visita es siempre un acontecimiento, y sin son profesores de la escuela de sus hijos, más. Algunos nunca han visto a un europeo y les gusta acercarse y saludar. Primero se habla de

mencionan con orgullo. El presidente de Tanzania, Julios Nyerere, quiso que simplemente le llamaran así, *Mwalimu* Nyerere.

Kibondeni, de las cosechas, del *safari* (viaje); de todo, porque se sabe que la visita durará todo el día. Mientras, los hermanos pequeños corren hasta que atrapan el pollo que las visitas se van a comer.

Se bebe algo fresco, se sigue hablando y saludando, y cuando el pollo está hecho, sale la comida. Una de las hermanas o sobrina soltera pasa un recipiente con agua tibia, jabón y una toalla, para que los invitados se laven las manos, porque se come con los dedos. La comida la suelen preparar las cuñadas y ellas mismas sirven a los invitados.

Después de comer, les enseñan los alrededores, la *shamba,* los árboles frutales, los animales; si los abuelos están enterrados en la finca, también se visita la sepultura y se reza.

Antes de marcharse, llenarán el coche de todo lo que tienen –verdura, maíz, huevos, una gallina–, y esto hasta las familias más pobres, que ofrecen caña de azúcar. A las profesoras de Kibondeni les dolía llevarse aquello, pero es parte de la hospitalidad y generosidad tradicional de la tierra. También las que habían venido de visita llevaban sus regalos: pan, azúcar, aceite quizás, té, harina. Si la familia es católica, el padre reza antes de que se pongan en camino, y les da la bendición para el viaje.

A veces, el padre de la alumna es pagano, tiene varias mujeres, y, entonces, las casas de cada una de ellas han de ser idénticas: las cocinas idénticas, las cabañas para almacenar el maíz iguales también; y hasta las parcelas de terreno. Incluso las mujeres podían ir vestidas iguales. Si el padre gobierna bien la familia, no debe hacer distinciones: todas las mujeres y todos los hijos deben recibir idéntico trato.

La casa del padre es más grande y separada de las demás. La poligamia está, en general, muy extendida; pero los cristianos practicantes tienen una sola mujer y en estos hogares hay una alegría y una paz distintas; los hijos de una sola esposa están orgullosos de serlo.

En Kibondeni School pidieron la admisión en el Opus Dei las dos primeras mujeres africanas: Auma y Mumbua. Estaba comenzando el año 1963. Kibondeni había empezado dos años antes. Esas dos chicas africanas habían hablado de su decisión con sus respectivas familias y tenían su apoyo. Auma venía de muy lejos, de Busía, al norte del lago Victoria, y fue a ver a sus padres. Volvió contenta porque ellos entendieron lo que quería: le dieron su bendición.

Mumbua pidió a su padre que viniese a la Escuela, porque vivía cerca, en Kilungu.

—Tiene ya el pelo blanco y es muy buen católico: creo que se alegrará cuando le explique lo que he decidido hacer —dijo Mumbua.

Delante de Tere, el padre preguntó a su hija —en lengua kikamba— si estaba segura del camino que había elegido. Después de escuchar la respuesta de su hija, mandó que hiciera la misma pregunta a Tere, en inglés. Tere contestó que la decisión de su hija le parecía firme y que podía ser muy feliz siguiendo ese camino. Entonces, el padre de Mumbua respondió:

—Desde este momento, hija mía, ésta será tu casa. En otro viaje traeré a tu madre para que te vea. Tú eres del primer grupo de mujeres del Opus Dei en Kenia, en toda África; esto se ha de notar en tu alegría. Además, debes dar ejemplo a las que te sigan —al cruzar el patio de la Escuela, se fijó en una imagen que allí hay de la Virgen y se despidió así de Mumbua—: Te dejo en buenas manos. Donde preside la Virgen, las cosas van bien. Pero tú, sé buen ejemplo para las que vengan detrás.

Varios años más tarde, y habiendo dejado detrás muchas vocaciones, Auma y Mumbua fueron a Roma, a trabajar en la sede central del Opus Dei. Después, se marcharon a Nigeria a empezar la labor apostólica de la Obra en esa nueva nación africana.

Cuando yo llegué a Kibondeni, me impresionó el ambiente cordial —y, también, de estudio y trabajo— de la casa. A la vez, me asombró la integración en el país de aquel pequeño grupo pionero: se entendían en kiswahili, se habían capacitado en las carreras de Secretariado y Hostelería —que en algunos casos no eran las suyas cuando llegaron— y comprendían a los africanos, gente con grandes virtudes y los errores propios de un pueblo que estaba empezando a despegarse del paganismo.

ÁFRICA, UN SUEÑO DEL FUNDADOR DEL OPUS DEI

El Opus Dei fue fundado en 1928 por el Beato Josemaría Escrivá de Balaguer, quien, por inspiración divina, vino a recordar al mundo que todo hombre está llamado por Dios a la santidad –«Sed perfectos como vuestro Padre celestial es perfecto»–[23]. Los laicos, permaneciendo en su propio estado –solteros, casados, viudos– y siendo uno más entre los demás hombres, pueden vivir el cristianismo con plenitud en las actividades corrientes de cada día, en la vida familiar, profesional y social.

Este mensaje espiritual, confirmado por el Concilio Vaticano II, está orientado a impregnar todas las realidades terrenas con el espíritu del Evangelio mediante el trabajo, hecho de cara a Dios y como servicio a los demás. El trabajo es el medio por el que el hombre se inserta en el mundo y, si ese trabajo se hace como encuentro amoroso con Cristo y como servicio a los demás, entonces es trabajo santo y, a su vez, santifica las realidades humanas que toca, formando parte viva de la Redención.

El Opus Dei, que fue erigido en Prelatura personal[24] por el

---

[23] Mt 5,48

[24] Sobre la naturaleza jurídica del Opus Dei, consultar A. Fuenmayor, *El itinerario jurídico del Opus Dei.* EUNSA, Pamplona, 1989; P. Rodríguez, *El Opus Dei en la Iglesia.* Rialp, Madrid, 1993.

Papa Juan Pablo II en 1982, tiene entraña universal, católica. Su expansión por los cincos continentes fue inicialmente frenada por la Guerra Civil española y la Segunda Guerra Mundial. Pero entre 1945 y 1949 se comenzó el trabajo apostólico en Italia, Portugal, Inglaterra, Irlanda, Francia, México y Estados Unidos. Desde 1950 se empezó en Argentina, Chile, Colombia, Uruguay, Guatemala, Venezuela, Ecuador, Perú, Alemania, Brasil, Japón, Suiza y Kenia. En los años 60 había ya centros del Opus Dei en Paraguay, Australia, Bélgica, Holanda, Puerto Rico, Filipinas y Nigeria.

Desde fechas más recientes, gente del Opus Dei trabaja en países del sureste asiático, del norte y del este de Europa y, dentro del continente africano, en Costa de Marfil, Zaire y Camerún.

Conocí personalmente al Fundador de la Obra, junto con media docena de estudiantes universitarias, una tarde de 1949, en Madrid, en Lagasca[25]. Entonces la labor de mujeres del Opus Dei estaba iniciándose; sabíamos que nos iríamos por el mundo entero y pronto, porque Dios así lo quería y lo *necesitaba,* pero, como dijo mi madre cuando le expliqué mi vocación, «siempre hablas en futuro, ahora no se ve nada». El trabajo apostólico con chicas estudiantes, por ejemplo, contaba con un solo centro: una residencia pequeña en Zurbarán 26, en Madrid.

Eso era todo lo existente externamente, pero desde los comienzos hubo mucha gracia divina, una gran fe en Dios, vocación clara y... felicidad, alegría serena.

Aquella tarde en Lagasca, el Fundador de la Obra nos explicó cómo podíamos vivir muy cerca de Dios en nuestro ambiente ordinario. Sus palabras descubrían una nueva dimensión al trabajo como medio y materia para dar gloria a Dios. Convertir «la prosa diaria, en endecasílabos, verso heroico», éste es el mensaje del Opus Dei. También nos hizo sentir la urgencia de difundir el espíritu cristiano en todos los ambientes, en todas las naciones. Se refirió a la expansión de la Obra, especialmente en los países que aún no conocían a Cristo.

---

[25] Centro del Opus Dei situado en la calle del mismo nombre en Madrid.

Recuerdo que nos repitió un consejo de San Juan de la Cruz: «Pon amor donde no hay amor y sacarás amor»; aún llevaba fresco en el alma este consejo cuando tres años más tarde salí hacia Inglaterra para comenzar allí el trabajo apostólico de la Obra, a través de mi tarea profesional.

El Fundador del Opus Dei nombró aquella tarde en Lagasca al continente africano, cuando comentó que un obispo de Madagascar le había pedido que se comenzaran las labores apostólicas del Opus Dei en su diócesis. No imaginaba yo entonces que aquel continente iba a estar tan ligado a mi vida.

Antes de mi viaje pionero al Reino Unido pasé unos días en Molinoviejo[26], trabajando y disfrutando del pinar, del arroyo que corría por los límites de la finca, y de aquel paisaje castellano amplio y dorado de espigas que no volvería a ver en cuarenta años. Durante aquellos días, las que trabajaban en Molinoviejo comentaban palabras que habían oído al Fundador del Opus Dei sobre la expansión por los cinco continentes, donde habría vocaciones de todas las razas, haciendo referencia expresa a los africanos.

Nuestro Padre –así llamamos al Fundador de la Obra sus hijos y muchas otras personas que tienen contacto con las labores apostólicas del Opus Dei– se refirió a la expansión de África por primera vez durante un viaje al Sur de España; divisando desde Algeciras el perfil de las costas africanas, los que le acompañaban le oyeron decir:

«No es posible que la gracia de Dios no llegue hasta allí»[27].

Eso fue en 1945; en 1958, en Londres, escuché al Padre hablar de Kenia con ilusión; habló con admiración del país, nos pidió oraciones y dijo que comenzaba la *prehistoria* del trabajo apostólico en esa nación: había enviado allí a algunos miembros del Opus Dei, para estudiar qué tipo de iniciativas eran más necesarias.

El padre Michael Richards, el primer sacerdote inglés de la Obra, nos relató en primera persona uno de esos viajes a Kenia. Recuerdo bien sus comentarios sobre la situación del país; tam-

---

[26] Casa de retiros y convivencias en la provincia de Segovia.

[27] A. Sastre, *Tiempo de Caminar.* Rialp, Madrid, 1989, p. 312.

bién se grabó en mi memoria un detalle pintoresco: la «receta» de leche batida con sangre caliente de vaca, como plato fuerte de la alimentación de los Maasai.

En otra de sus temporadas en Inglaterra –quizás fue en el verano de 1961– quiso nuestro Padre hablar desde Londres con una hija suya portuguesa que, al poco tiempo de llegar a Kenia, había contraído una fuerte infección pulmonar. Por razones médicas, las autoridades sanitarias no le permitían volver a Europa de momento. Todo se resolvió en pocos meses, pero el Fundador de la Obra suponía la preocupación que tendrían sus hijas en ese país, y quiso llamar por teléfono a Nairobi para hablar con cada una de las que vivían allí. En cuanto fue posible envió a un médico, miembro del Opus Dei, para que ejerciera su profesión.

Allá en Kenia, en las tertulias familiares, hablábamos del trabajo que se iba haciendo en otros países, de Roma y de nuestro Padre, del que teníamos noticias con frecuencia y al que escribíamos, contándole de nuestro trabajo; de aquel nuevo país que se nos metía tan fácilmente en el corazón; de las nuevas costumbres que hacíamos nuestras, de las amigas que empezábamos a tener. A esto se refería el Fundador del Opus Dei cuando nos decía que al llegar a Kenia, «nos entraba el mal de África» (un gran entusiasmo por todo lo africano), y se alegraba de que nos integráramos pronto en el país.

En el aniversario de la llegada de las primeras a Nairobi, les gustaba recordar cómo fueron sus últimos días en Roma, y yo lo escuchaba siempre con especial emoción: el 14 de febrero de 1960 –aquel día se cumplían 30 años del inicio del Opus Dei entre mujeres– nuestro Padre celebró misa en un oratorio de la sede central del Opus Dei en Roma. En la homilía anunció el comienzo de las labores apostólicas en Kenia y Japón:

«Hijas mías, en esta felicitación, yo quiero poner algo más el corazón que otras veces. Porque dentro de poco nos vamos a Japón, nos vamos a Kenia, a buscar almas para Jesucristo.»

Aquel mismo día, se reunió con las que marcharían a Nairobi y Osaka. En otro momento, hubo una sesión ilustrada con diapositivas, sobre esos dos países.

El Beato Josemaría bendijo a las que se iban antes de emprender el viaje; sus últimas palabras fueron:

«Vuestra labor va a ser una bendición de Dios. África es una tierra maravillosa.»

Desde que las primeras llegaron al continente negro, el Fundador de la Obra estuvo pendiente de sus hijas y también de las primeras vocaciones africanas. Su desvelo de padre se hacía patente hasta en detalles muy concretos. Recuerdo, por ejemplo, que envió algunos ornamentos litúrgicos bordados con vivos colores, porque conocía el gusto africano por las tonalidades fuertes. Poco antes de la Navidad de 1960, hizo llegar a Nairobi un belén, ya que por aquel entonces, esta costumbre cristiana no estaba difundida en Kenia[28].

Nuestro Padre también se interesó por Nyavera, la jardinera de Kibondeni, quien en los primeros tiempos en Kenia, ayudó a las de la Obra en el aprendizaje del kiswahili –una de las lenguas más difundidas– y de las costumbres africanas.

El Beato Josemaría puso a Kenia muchas veces bajo la protección de la Virgen: en 1965, enviamos a Roma una talla de la Virgen con reminiscencias de la artesanía keniana. Nuestro Padre la bendijo y nos la remitió para que acudiéramos con frecuencia a Nuestra Señora, Reina de Kenia. El Fundador de la Obra nos aconsejó siempre acudir a la Virgen, *nuestro refugio y fortaleza,* cuando surgía alguna dificultad en el trabajo que realizábamos.

Personalmente sentí que Kenia fue especialmente querida y entendida por nuestro Padre; estoy segura de que dirían lo mismo de sus países los miembros de la Obra en Japón, Australia o Francia, pero así lo sentí constantemente allá lejos, en Nairobi. La oración del Beato Josemaría debió estar dirigida a nuestro país muchas veces, y la confianza que depositó en los africanos la vi hacerse recíproca; el espíritu que Dios quiso para el Opus Dei fue prendiendo en las vidas de las estudiantes, que ponían esfuerzo y

[28] Posteriormente y de modo gradual, los miembros del Opus Dei en Kenia procuraron dar a conocer esta tradición cristiana, que actualmente está arraigada en el país.

codos durante el año escolar; en nuestras amigas casadas, que trabajaban por llenar el hogar de alegría y sacrificio personal... Eran comentarios frecuentes:

«He llegado alto en mi profesión, pero ¡fuisteis vosotras las que me enseñasteis a trabajar!»

«Nuestros hijos van bien; nos ayudasteis a educarlos.»

«Aprendí a estudiar y a santificar el estudio en aquellos cursos de fin de semana.»

Le contábamos estas cosas al Fundador del Opus Dei al hacer escala en Roma durante nuestros viajes, pocos, a Europa. Nuestro Padre siempre encontraba tiempo para estar entonces con nosotras; se alegraba oyéndonos hablar de sus hijas y del trabajo de sus hijas en Nairobi; escuchaba con una sonrisa, con total atención. Al final llegaban sus palabras animantes, sobrenaturales y cariñosas para la labor, y su bendición para nuestro viaje de vuelta a África.

El desvelo de nuestro Padre por Kenia era correspondido por las mujeres kenianas que fueron pidiendo la admisión en el Opus Dei. Su agradecimiento se traducía en obras. Recuerdo, por ejemplo, que durante nuestros primeros años en Nairobi, dos africanas de la Obra comentaban que aunque sabían que nuestro Fundador era europeo, lo imaginaban africano, por el cariño que demostraba hacia sus hijas del continente negro.

Con el tiempo, nuestro Padre conoció a numerosas hijas suyas africanas: algunas fueron a Roma para estudiar o trabajar, otras pasaron por allí por motivos profesionales.

También se reunió con kenianas en los *Encuentros Romanos* durante la Semana Santa, a los que acudían estudiantes de los cinco continentes. Le gustaba alabar –en esas ocasiones– los trajes nacionales y turbantes –*kitambaas*– de vivos colores.

En la Semana Santa de 1973, Sharok, keniana de religión musulmana, acudió a Roma. Tuvo ocasión de decirle al Beato Josemaría que rezaba por él y por la Obra. Ésta fue la respuesta de nuestro Padre:

«Dios te bendiga. ¿Me dejas que yo rece al Señor por ti y le pida que seas muy feliz aquí y luego en el Paraíso; que te dé mucha claridad de ideas, y que te lleve a la verdadera fe? Que Santa María te dé una luz muy grande, y ánimo para seguir de cerca a su Hijo.»

También en Roma, durante una tertulia, Willo, de la tribu Luhya, enseñó una fotografía de sus padres al Fundador de la Obra. Nuestro Padre le comentó que deseaba ir a Nairobi para conocer a las familias de los miembros de la Obra. Además, quiso hacerse una fotografía con ella, como recuerdo de su estancia en Roma. Ésta ha sido una de las imágenes más reproducidas por los medios de comunicación de Kenia con motivo de la Beatificación de Mons. Escrivá.

Otra de sus hijas kenianas, Gichure, durante sus años de estudio en Roma fue testigo de la confianza del Fundador de la Obra en Kenia. Al comprobar la fe de los católicos kenianos, nuestro Padre llegó a afirmar que, con el tiempo, los africanos recristianizarían a los países de antigua tradición católica.

También había kenianas entre las mujeres de la Obra que asistieron a la última tertulia del Beato Josemaría en la tierra, pocas horas antes de su fallecimiento. Agatha Mutania, de la tribu Kamba, pudo saludarle. Nuestro Padre se refirió a África poco después, dirigiéndose a Indakuli, de la tribu Luhya:

«En Kenia el Señor nos va dando muchas y muy buenas vocaciones, y haréis mucho apostolado en toda África y hasta en Europa.»

De Kenia llegaron a Roma las primeras flores destinadas a velar el cuerpo del Fundador de la Obra: un gran ramo de rosas rojas, una rosa por cada una de nosotras en Nairobi.

Dios concedió al Beato Josemaría un corazón magnánimo para entender y apreciar África y el alma de sus gentes; los que son y los que nos sentimos africanos recordamos unas entrañables palabras suyas:

> «No hay más que una raza: la raza de los hijos de Dios. No hay más que un color: el color de los hijos de Dios. Y no hay más que una lengua: ésa que habla al corazón y a la

cabeza, sin ruido de palabras, pero dándonos a conocer a Dios y haciendo que nos amemos los unos a los otros.»[29]

Por todo ello, no es de extrañar que en un artículo del *Sunday Nation* de Nairobi, publicado el 5 de julio de 1992, sobre su elevación a los altares, se recordara el aprecio del Beato Josemaría por África con estas palabras:

«Escrivá had a passionate love for Africa and Africans»[30]

---

[29] J. Escrivá de Balaguer, *Es Cristo que pasa,* nº. 106. Rialp, Madrid, 1973.

[30] «Monseñor Escrivá amaba mucho a África y a los africanos.»

KIANDA RESIDENCE

Cuando yo llegué a Nairobi en 1965, empecé a trabajar en Kianda College, la Escuela de Secretariado.

Las clases comienzan a las 9 de la mañana; a las 8,30 estábamos allí todo el profesorado. Hasta que se construyó la Residencia, las profesoras de Kianda que pertenecemos al Opus Dei vivimos en Kibondeni, aunque, en realidad, pasábamos en la escuela la mayor parte de la jornada.

En aquel mi primer día, habían llegado las lluvias. Lo primero que hice, junto con Njeri, la jardinera, fue extender por los pasillos una esterilla larga, de color rojo, para que las estudiantes, al llegar, no ensuciaran de barro el suelo.

Algunas alumnas africanas llegan andando, la mayoría, en el autobús de la escuela que las recoge en el centro de la ciudad. A las europeas, ismaelíes, indias y goesas, las traen en coche sus familiares.

Las profesoras toman una comida sencilla en el jardín –sólo hay una hora libre al mediodía–; entonces me presentan a Absalón, que es el que prepara el almuerzo, limpia por las tardes y arregla muchos de los desperfectos que, día a día, se producen en un colegio grande[31]. Nos saludamos, yo le doy las provisiones para la semana y nos ponemos de acuerdo en los menús. Absalón es Maragoli, de una tribu cercana a la de Ndeda, nuestro chófer del autobús, que trabajó con nosotras hasta que se quiso retirar y marcharse a su tribu Luhya.

Absalón había pertenecido al «Ejército de Salvación», pero ahora formaba parte de una secta que permite a los hombres tener dos mujeres. Así, él podía tener una en su tierra, Maragoli, y otra en Nairobi. Absalón era, además, el secretario de la secta y vestía los domingos un largo *kanzu* blanco, con una gran cruz roja en el pecho.

–¿Por qué no se trae a su familia con él? –pregunté a Cuca.

–Es el problema de los hombres que trabajan en Nairobi: las tierras y la casa tienen que estar atendidas y, para eso, se queda la mujer. Además, los sueldos no son suficientes para el alojamiento de la familia. Nosotras hemos construido dentro del terreno casas para Absalón y Ndeda, y así pueden traer a sus familias permanentemente, si quieren. Ndeda tiene a los suyos aquí a temporadas, y va con frecuencia a llevarles dinero los fines de semana.

Llega el autobús de la escuela: es grande y nuevo, y siempre puntual. Ndeda pide en secretaría las llaves a Cuca, que mientras contesta al teléfono, le va explicando en kiswahili los recados que debe hacer esta mañana en la ciudad. Ndeda se entera bien, repite en voz alta lo que hará, coge la cartera negra donde va todo lo relacionado con los encargos, la llave del pequeño Volskwagen y dice adiós:

–*Aya! Kwaheri!*

–*Kwaheri, Ndeda.*

Para entonces –en orden y sin alboroto–, las 150 alumnas que este año tiene el centro han entrado en las aulas. Cuca y otras tres profesoras recogen su material y empiezan las clases. Kianda queda en perfecto silencio, como si no hubiera nadie, ni ocurriese nada en aquel terreno de cinco acres. Sólo se oye a lo lejos el

[31] En Kenia, como en otros países de África, parte de los trabajos domésticos son realizados por hombres.

sonido del pequeño «martillo» de Tere que lleva el ritmo del dictado de la clase de mecanografía. Yo, a esta hora, contesto correspondencia.

Durante al almuerzo conozco a las otras profesoras: una es inglesa, muy joven, recién casada. La otra es mayor, judía de raza y religión, muy buena profesional. Viene siempre acompañada de un perro pequeñísimo que se pasa el día corriendo por el jardín.

Llega la jardinera y pide permiso para marcharse. Cuca me explicará luego:

–Njeri está con nosotras desde que abrimos el Colegio. Es pagana, Kikuyu, tiene varios hijos y se le murió uno hace pocos días: lo llevaron a enterrar a la finca de la familia, *up country*[32]. Hoy quiere arreglar trámites pendientes del dinero del entierro; es costoso.

–¿Por qué se lo llevó? –pregunto.

–Es la costumbre: sepultan a los muertos, tradicionalmente, en la tierra que les pertenece; les gusta tenerlos allí, bajo los árboles de su *shamba*.

Estoy encargada de la biblioteca –que se abre diariamente a la hora del *lunch*– y me han aconsejado:

–Que lean lo que les guste, pero que lean. Tienen que ampliar vocabulario, enterarse de lo que ocurre en el mundo; ayúdales a que lean.

Me voy a los armarios con las llaves: ya hay una pequeña fila esperándome. Dos estudiantes, Shua Kavetsa, Waluhya, y Sally Port, británica, me ayudan a encolar y fichar libros.

Me ocurre algo divertido: una alumna india me dice:

–He perdido las últimas 30 páginas de este libro de la biblioteca. Creo que mi hermano pequeño las rompió. Lo cierto es que no he podido encontrarlas, pero le puedo traer otras 30 páginas de otro libro que tengo en casa.

–¡Ah!, ¿tienes otro ejemplar de este libro en casa? –preguntó asombrada.

–¡Oh, no!, pero le puedo traer 30 páginas de un libro diferente.

---

[32] Quiere significar lejos de la ciudad; literalmente: «arriba, en el campo».

Suenan los timbres, llamando a la primera clase de la tarde, y todo el mundo vuelve a trabajar. Absalón recoge papeleras y sillas del jardín, luego sacude la esterilla de los pasillos; y Ndeda llega de la ciudad con todas las gestiones terminadas y un buen montón de correspondencia.

A las 4 suenan los timbres por última vez: el autobús grande se pone en marcha hacia la ciudad y la rotonda del jardín se llena de coches que entran y salen a toda marcha; aquello parece un *rally*.

Algunas estudiantes, necesitadas de prácticas, se quedan dos horas más ante la máquina de escribir. Olga da algunas clases privadas a alumnas que, por la profesión de sus maridos, están muy en contacto con el mundo inglés y quieren perfeccionar el idioma.

Llamo por teléfono para ofrecerme a dar clases de castellano a dos hijos del Cónsul francés y unos amigos suyos, que han pedido información sobre el particular: las clases se pagan bien y puedo darlas al terminar mi trabajo en la escuela; así aprovecho mejor el tiempo y voy amortizando el gasto de mi viaje desde Inglaterra, que ha sido costoso. Me presentan a tres estudiantes de Uganda que quieren recibir clases de catecismo; concertamos la hora: es la primera vez que voy a preparar a alguien para el bautismo.

Olga, que ha terminado su clase, me pregunta:

—¿Quieres venir a la ciudad? Tengo que hacer una visita, y así, vas conociendo el país.

En coche, tardamos una media hora en llegar al barrio africano de Kariobangi. La amiga de Olga es Kikuyu y *Matron*[33] en un colegio mayor; y su casa, como todas, es de una sola planta: una entrada que es comedor y cuarto de estar, dos dormitorios —uno para los padres y otro para todos los hijos— y cocina. Las habitaciones son pequeñísimas; los aseos están fuera de la casa y los comparten varios vecinos.

Hay un niño por la casa que se viene feliz conmigo cuando lo cojo en brazos; me lo llevo fuera, donde hay otros pequeños

[33] Directora de una residencia femenina de universitarias.

jugando; intento que canten. Cuando entienden lo que quiero, me cantan algo que parece muy desafinado, pero lo bailan, a la vez, con mucho ritmo; hasta el que llevo en brazos se baja y se une al ritmo de los demás. La alegría les sale por los ojos, aunque crezcan en esas casas tan pobres y entre esos alrededores poco limpios. Siento la urgencia de, desde los centros del Opus Dei, formar a gente africana que pueda contribuir a mejorar el nivel de vida de sus conciudadanos.

Cuando nos vamos, comento con Olga lo gordos y alegres que eran todos los niños; ella me explica:

–Crecen muy bien mientras la madre los cría; pero después de los dos años, presentan deficiencias de alimentación a veces, y crecen anémicos. Hay raquitismo, aunque en los hospitales y dispensarios dan instrucciones sobre nutrición, y ahora en Kibondeni School nosotras también podemos ayudarles. Pero, alegres los verás siempre, y con mucha ilusión de ir a la escuela –y me cuenta una anécdota estupenda–: El Gobierno inglés construyó muchas escuelas; muy sencillas, pero muchas y por todo el país –a veces, las clases se daban debajo de los árboles–, y se pidió a los padres que mandasen a los niños desde que tuviesen 10 años.

Todos querían ir y nadie sabía la edad que tenían. Entonces, se inventó un «test». Por lo visto, antes de los 10 años, si se pasa un brazo por encima de la cabeza, no se puede alcanzar con la mano la oreja del lado opuesto. A los niños que no alcanzaban su oreja con la mano opuesta, les pedían que volviesen al año siguiente; los otros quedaban admitidos.

Llegamos a Kibondeni a la hora de cenar. Las profesoras traen unos cestos de plástico, de distintos colores, repletos de ejercicios para corregir. No sé hasta qué hora se quedan por las noches, pero a la mañana siguiente, cuando volvamos a la escuela, los cestitos de plástico de colores llevarán los mismos ejercicios, pero marcados en rojo.

En Kibondeni no está aún construido nuestro comedor: hemos desayunado en la cocina y ahora cenamos en lo que parece una mesa larga: son dos tablas que se ponen y se quitan cada vez, y quedan instaladas en el vestíbulo de entrada: no llamará nadie al timbre. Cuando es de noche, no se anda por las carreteras si no es por algo muy urgente, y entonces, con precauciones.

La lluvia, que había comenzado cuando Olga y yo volvíamos a casa, cae ahora fuerte, durante la cena; cae como una cortina espesa, como si el cielo se hubiera roto y aquello fuera a inundar la tierra entera. Continúa así durante horas, fuerte, igual. Las que han llegado más tarde dicen que las carreteras son lagos y que los africanos iban debajo de hojas de plataneros; y los indios, con los turbantes cubiertos de plástico.

—¿Podremos ir a Kianda mañana? —pregunto.

—Mañana no lloverá —me contesta Auma—; sólo llueve por la noche, y la tierra, reseca de los meses anteriores, bebe el agua; se empapa en profundidad y todo empieza a germinar con el calor del sol.

—El campo todo se vuelve verde en pocos días —sigue Mumbua—, el paisaje seco que viste desde el avión cuando llegaste, habrá cambiado. Hasta el Rift Valley parece un jardín cuando vienen las lluvias; y se llena de flores.

—Para las personas —tercia Cuca— las lluvias también son una bendición; desde enero hasta abril o mayo, que es cuando llegan los vientos monzones de la India, es duro trabajar; cuesta moverse y aguantar el sol y la pesadez del aire. Los ingleses llaman a este tiempo «los meses del suicidio». Así que, cuando el pájaro de las lluvias comienza a cantar, se alegra el corazón y se empieza a calcular, por la luna, la dirección del viento, y por la intensidad del canto del pájaro, la cercanía del agua. Ese es el momento de plantar los campos.

—Ya te hemos dado la primera lección de climatología keniana —añade Auma—: no hay cuatro estaciones; los doce meses del año son siempre iguales; la diferencia climatológica la dan solamente las lluvias: lluvias largas de abril a julio, lluvias cortas de octubre a diciembre.

Termino la tarde en el oratorio pasando revista a aquel intenso día; me fijo en el tríptico de la Virgen con el ángel africano a su izquierda, sobre suelos de tierra roja: mi nueva tierra, ahora empapada de agua.

Desde los dormitorios, se oye un concierto de ranas despiertas por el agua; es polifonía gigantesca –¡ranas hasta Ngong Hills!– y de larga duración. Alguien abre una ventana y pide, con desesperación y a gritos, silencio:

–*¡Silence, please!*.

Durante tres segundos se hace un silencio total en el universo; vuelve a romperse al comenzar de nuevo la polifonía. No queda más remedio que intentar dormir con la cabeza debajo de la almohada.

Siguió la vida de clases en Kianda. Sally, que me ayudaba trabajando para Karen, se casó pronto y se fue a vivir a Inglaterra. Shua seguía ayudando en la biblioteca y cuando fue mi cumpleaños, me regaló un mantel de té bordado por ella misma con muchos colores. Cuando terminó la escuela, me preguntó si podía ir a su boda, aunque fuese en la catedral protestante:

–¿Podemos rezar juntas? –preguntó.

–Sí, Shua, podemos.

Conocí hasta el tercer hijo de Shua; seguía siendo la misma: trabajadora, ecuánime, reservada, puntual. Shua era seria, como si fuese germánica. La Compañía del marido se trasladó a Mombasa después de unos años y la perdí de vista.

A finales de febrero de 1966, comenzaron las obras para la construcción de Kianda Residence. Vimos parar un camión frente a la ventana de la oficina, y Cuca salió corriendo con una cámara fotográfica. Los obreros empezaron a perforar en la parte del fondo de la finca y Cuca hizo aquella tarde una fotografía histórica a una estaca de madera, mal cortada, clavada junto a un hoyo.

Desde aquel día, trabajamos en la escuela acompañadas por el ruido de excavadoras como música de fondo.

Tener una residencia para las estudiantes era necesario: el paso de la escuela primaria, situada en el interior del país, a Nairobi, ciudad cosmopolita, suponía un choque tan fuerte para las alumnas que sus padres procuraban disuadirlas. Hasta ahora, las estudiantes de Kianda habían vivido en uno de los pisos de la residencia femenina de la universidad –donde Constance era gobernanta–, pero cada vez teníamos más alumnas, y queríamos, además, que tuviesen una formación integral; no sólo en materias del curso de Secretariado.

La financiación de la residencia corrió a cargo de una Fundación alemana. Nosotras, para colaborar todo lo posible, empezamos a preparar un bazar para antes de Navidad: fue un éxito. Al final de las clases, las estudiantes visitaban algunas tiendas de Nairobi explicando la finalidad del bazar: amueblar la futura residencia. La Secretaría se iba convirtiendo en un almacén de regalos. Ya no se podía ni entrar.

La fiesta estuvo muy concurrida y con lo que se recaudó se compraron las 100 camas y las 100 mesillas de noche que se necesitaban.

También empezó otra actividad, relacionada con la residencia: ir a las subastas. Era allí donde los europeos que se marchaban de Kenia vendían sus muebles. Se encontraban cosas bonitas –en las tiendas no había casi nada–. Luego, en casa, tapizábamos y restaurábamos lo que estaba deteriorado.

Durante los meses que tardó en construirse la Residencia, fue creciendo el número de chicas jóvenes que acudían a los cursos de doctrina cristiana que se impartían para quienes libremente lo quisieran. Entonces pidieron la admisión en el Opus Dei las dos primeras estudiantes de Kianda College: Ursula Okondo, de la tribu Luhya, y Dorina Telaide, de nacionalidad italiana.

Olga daba clases en el Royal College, donde había una minoría cristiana y un porcentaje muy grande de estudiantes hindúes, sihcks, musulmanas, ismaelíes, zoroastrian y bhoras; de las cristianas, algunas se encargaron de las clases de catecismo en un colegio de la ciudad. Con ellas también y con las no cristianas, se formó el primer equipo de hockey de Kianda, que tantos trofeos ganó en años sucesivos.

La construcción de la Residencia estaba muy adelantada y era muy bonita; tenía tres pisos y un cuarto de estar donde las residentes estarían cómodas, con una gran chimenea y un ventanal al patio central; en largas jardineras crecían plantas tropicales, siempre en flor debido a un sistema de riego especial.

El oratorio –fue subvencionado desde Suiza– se inició más tarde para poder construirlo con más cuidado. Procuramos seguir el consejo de nuestro Padre: el oratorio debía ser lo mejor de la casa, como manifestación de fe y piedad hacia la Eucaristía.

Se cubrieron aguas antes de que llegasen las lluvias, trabajando horas extraordinarias; lo celebramos con una fiesta para los obreros, y el contratista, Mr. Rattan Singh –de raza india–, hizo un donativo generoso para el oratorio:

–*For the Temple of your God*[34].

Mr. Singh –como hacen los hindúes en sus templos por respeto– se quitaba los zapatos siempre que entraba en el oratorio, gesto que imitaban los obreros africanos que iban detrás.

Cuando el edificio estuvo terminado, se pensó en la inauguración, a la que asistieron destacadas personalidades.

Se fijó la fecha: sería el 22 de octubre de 1966, a las 3 de la tarde. Días antes, la policía vino a inspeccionar los preparativos: vieron los edificios y tomaron medidas de seguridad, además de hacer un estudio del tráfico.

La tribuna se instaló junto al edificio nuevo. Enfrente, llegando hasta los árboles del jardín, se fueron sentando los invitados: gentes de todas las razas, señoras europeas con sombreros y trajes de Londres, indias con *sharis* de sedas naturales y joyas de oro, universitarias africanas con sus togas rojas, hombres importantes de la economía, la política y la cultura del país. Además, las familias de las 150 estudiantes, las amigas del Patronato de la Residencia que se había formado con las señoras del cuerpo diplomático, y Njeri, Ndeda y Absalón. Más de 500 invitados y nuestras alumnas.

Por la avenida de las jacarandás llegó la policía motorizada, luces azules y cascos blancos, un coche policial y dos *limusines*: la de Mama Ngina, que presidiría la ceremonia, y la del Ministerio de Educación con Mr. Konchelah.

Lady Harrigan, que estaba sentada en la primera fila, había dicho a Olga cómo envidiaba nuestra fe y nuestro valor, que hacían posible convertir proyectos en realidades, cosa nada co-

[34] «Para el templo de vuestro Dios.»

mún. (Lady Harrigan se convirtió al catolicismo unos años después).

Con esta idea empezó Olga sus palabras de apertura aquella tarde:

–*It is a wonderful thing to see people who dream dreams and then make them realities*[35].

Mr. Konchelah habló del rápido progreso del College, que en pocos años había creado un modelo de enseñanza muy interesante para el bien común de Kenia. Mrs. Kenyatta descubrió la placa conmemorativa y fue presentada a las profesoras.

La inauguración fue noticia importante en la prensa inglesa y swahili de Nairobi. Y la TV dedicó a Kianda una emisión de media hora.

Sólo hacía tres años que Evelyn era la única alumna africana de Kianda y se lavaba los pies, rojos de barro, en el grifo del jardín, antes de ponerse los zapatos y entrar en clase.

Cuando la Residencia quedó terminada y amueblada, las que cenábamos en Kibondeni alrededor de la mesa –hecha con dos tablas que se montaban cada noche en el vestíbulo de la entrada– nos separamos por primera vez.

La mitad se marchó (sus maletas en el Volskwagen) a Kianda Residence y la otra mitad se quedó en Kibondeni. Yo fui una de las que se quedaron. Empezaba una nueva etapa.

[35] «Es maravilloso ver gente que sueña y transforma esos sueños en realidad.»

LA COSTA DE CORAL

Durante los primeros años en Kenia, no hubo más que dos centros en Nairobi: Kianda College y Kibondeni School. Las dos labores apostólicas eran notables en tamaño y en número de alumnas. Y allí mismo trabajábamos y vivíamos, día y noche, con nuestras estudiantes, con una actividad que, a poco que la cuidáramos, se multiplicaba y hervía de trabajo. Aquello era una maravilla que crecía copiando la fertilidad de la tierra tropical-ecuatorial. Allí estábamos nosotras los doce meses del año y un año tras otro.

Durante tres semanas, de julio a septiembre, nos íbamos en dos grupos –para no dejar el trabajo desatendido– a una casa situada en Karen, frente a las Ngong Hills. Allí estudiábamos, había serenidad para planear las actividades del curso siguiente y teníamos oportunidad de conocer algunos nuevos lugares del país. Aquellas semanas en Karen eran sedantes y abrían horizontes; volvíamos a Nairobi con la tranquilidad de poder empezar el curso descansadas y organizadas.

Pero el distrito de Karen no tenía agua suficiente y hubo que dejarlo pronto y buscar otro lugar. Mientras se encontraba y hasta que se edificó la Casa de Retiros –creo que transcurrieron unos tres años–, pasábamos esas tres semanas de descanso-trabajo en

Mombasa, también divididas en dos grupos. Eran unas semanas aún más refrescantes que en Karen, porque teníamos cerca el océano –en Kenia no es prudente nadar en los ríos, por la *belharsia*[36]– y así además bajábamos al nivel del mar, lo que los médicos decían que era conveniente cuando se vivía permanentemente a 2.000 metros de altura.

El primer viaje a la costa fue para mí un descubrimiento grandioso; antes de amanecer ya habíamos asistido a misa y salíamos hacia Mombasa en dos coches –el de Kibondeni y el de Kianda– que irían en caravana por si necesitábamos ayuda en carretera.

En cuanto dejamos atrás las *tierras altas* de los Kikuyu –el techo de Kenia– y las montañas redondeadas de los Kamba, entramos en una tierra para la que pienso que Dios usó una escala de medidas diferentes a la que eligió para Europa. Todo es enormemente amplio y grandioso. El coche no termina nunca de dejar atrás una montaña, y la estepa es aplastante, ancha y larga, pesada y monótona; y también desconcertante, sin armonía; con sus arbustos desordenados, sus piedras y rocas sin gracia, sus árboles de espinos casi sin fronda y como sin sentido; y todo, sin adorno. Aquello continuaba milla tras milla: los mismos arbustos, los mismos pedruscos, las mismas acacias de espinos, milla tras milla. Colores rojizos y ocres mil veces repetidos, como los colores de los tapices que hacen las tribus nómadas del norte.

Estamos encontrando muchos animales a los lados de la carretera: jirafas, rinocerontes, avestruces, colonias de mandriles, cebras, gacelas Thomson, aves de rapiña en los árboles... Por primera vez veo tornados, altos y rojizos en el aire, y *colinas* de termitas, y plantas de espinos y flores rojas que se llaman *rosas del desierto.*

Pasado el medio día vamos llegando a Tsavo; ya empezamos a encontrar los primeros elefantes entre los árboles cercanos a la carretera. Tsavo es la tierra grande de los elefantes. El gran bosque

[36] Bilharziasis: enfermedad endémica del continente africano. El parásito penetra en la piel y viaja por el torrente circulatorio, fijándose por fin en un sistema, un tejido o un órgano (corazón, pulmones, etc.).

cubre un área de 21.000 km^2; mayor que Córcega y Chipre juntos; mayor que el País de Gales. Estaba infestado de moscas tsé-tsé. Por eso se llama así, *tsavo* significa en kikamba «mortandad».

Tsavo es una inmensa, grandiosa selva, porque es bosque tropical de árboles gigantes y densos que, a veces, se tocan en la fronda dejando que pase la luz del sol rota en cien matices de vidriera de catedral gótica. La selva virgen es caliente y húmeda, con agua abundante; y desordenada, porque los elefantes se comen más de 150 kg diarios de arbolado.

Además de los brotes y hojas tiernas de las copas de los árboles, comen frutos, semillas, plantas secas, corteza y tubérculos y raíces que desentierran; y todo esto en gran abundancia, lo que *devasta* la selva que aparece revuelta: con árboles arrancados de cuajo y con las raíces hacia arriba; se encuentran troncos a los que les faltan tiras anchas de corteza y que tienen ramas mutiladas o que cuelgan, secas y torcidas de mil formas.

Estacionamos los dos coches lo más dentro del parque que está permitido y nos vamos con nuestros cestos –*kikapus*– de comida a buscar el paraíso húmedo de los Mzima Springs, donde colocamos un grupo de piedras apoyadas contra los árboles y nos sentamos a la sombra. El agua de estos manantiales canta cerca, y se filtra desde las colinas volcánicas de Chyulu; la nieve del Kilimanjaro se derrite y llega a morir a un río subterráneo bajo las colinas. Después, emerge limpia como un cristal allí donde estamos. Es como un oasis que se alimenta a sí mismo: produce diez millones de litros de agua por hora que se manda, canalizada, hasta Mombasa.

En el río, muy poblado de hipopótamos, se ha construido un túnel que empieza junto a los árboles donde estamos sentadas y termina bajo el agua; allí tiene de cristal las paredes del frente y las laterales. Así, se puede estar cerca de los «hipos» sin molestarlos. Es un punto de observación estupendo para ver cómo se sumergen y nadan –parecen movimientos a cámara lenta, por su enorme peso de 1.000 a 1.500 kilos–. Pueden estar sumergidos hasta cinco o seis minutos, en los que no necesitan oxígeno.

Al atardecer y durante la noche salen del río y pastan en tierra firme, dejando tronchada la vegetación de los márgenes –«los caminos de los hipos»–. A veces, se van muy lejos, para buscar las plantas que les gustan.

–¿Os acordáis del viaje de hace dos años a Tanzania? –pregunta Mary Mahoney[37]–, allí vimos un hipopótamo, a toda carrera, seguido por un rinoceronte. El «hipo» se había metido en el terreno del «rino» y éste le había herido profundamente con su gran cuerno. Y el «hipo» corría sangrando, pero no se dejó alcanzar por segunda vez: se zambulló en el río a tiempo. Fue una gran carrera de dos pesos pesados, de 1.500 kg cada uno.

Desde donde estamos almorzando, descubrimos de vez en vez los ojos –como periscopios en el agua– de los «hipos». Y se oye el resoplido, ronquido adormilado que acompaña el abrirse de unas bocas enormemente grandes –de color melocotón–. Se desperezan y respiran hondo para volver a sumergirse suavemente. Hay varias hembras jugando con sus crías en el agua; tres muy pequeñas se suben en las espaldas de su madre y ella se sumerge y las deja solas nadando.

Hemos terminado nuestro *lunch* y nos ponemos en marcha hacia el Kilaguni Lodge: frente a su terraza hay un lago natural, un gran claro, y selva tupida al fondo –como anfiteatro gigante preparado para una gran representación; y eso es este espectáculo–. Desde la selva, por entre los árboles, los elefantes bajan despaciosos, sin prisas, al agua; ejemplares magníficos en su corpulencia, con colmillos que casi tocan el suelo; madres con sus pequeños que son todo juegos de escondite y trompas larguiruchas y ridículas; grupos de machos jóvenes. Todos beben del lago, se duchan con sus trompas, se embarran y desparasitan frotándose contra los árboles. Luego vuelven por donde llegaron, a una cita lejana allá en la selva.

Desandamos también nosotras nuestro camino en los coches y antes de llegar a la carretera nos encontramos con una manada de unos 12 elefantes adultos y jóvenes pastando tranquilos; luego distinguimos a alguna distancia dos elefantes hembras; una ayuda

[37] Mary Mahoney es enfermera diplomada de las Fuerzas Aéreas de los Estados Unidos. Llegó a Kenia con el grupo pionero, y ahora dirige el Departamento de Enfermedades Infecciosas del Hospital Kenyatta, en Nairobi.

a la otra cuando una cría empieza a nacer. Y, entre las dos, con sus trompas, lo llevan al agua cercana y lo bañan.

Mientras el elefante nace –lo vimos, y era de color de rosa– toda la manada barrita alto y largo; como hacen las sirenas de los barcos para recibir a un Almirante que llega a puerto. Alegría de la selva ante uno de la misma especie que nace.

Volvemos a coger nuestra ruta; ahora el sol va perdiendo fuerza y la estepa escasea en vegetación; desaparecen los árboles de espinos y quedan sólo matorrales bajos y escasos arbustos; y los extraños y enormes *baobabs,* algunos con circunferencias de 30 metros y edades de 2.000 años. Se aprovecha todo en estos árboles: las flores, frutos, ramas y troncos.

Pero los africanos los consideran lugar de malos espíritus y existe una leyenda por la que el *baobab,* por haber querido crecer tan alto como el cielo, fue castigado y puesto del revés, de forma que así aparece en la sabana, con ramas que parecen raíces hacia arriba y sus hojas, dice la leyenda, enterradas.

La carretera va bajando por una rampa pronunciada; se adivinan, a lo lejos, plantaciones de pitas gigantes. La tierra ahora es un erial. Se entra en el desierto de Taru, zona que no quisieron atravesar los antiguos pueblos de la costa por su aridez, su escasez de agua y por estar infestada de mosca tsé-tsé. Además, la tribu Duruma cuidaba aquí abundante ganado y los Maasai hacían incursiones desde el interior, buscándolo. Todo esto hacía del Taru una barrera hacia el interior; ahora, es la puerta de la costa de Coral.

Se empiezan a ver palmeras cocoteras, casuarinas, hibiscos, árboles de mangos y de *cashewnuts*[38], de limones, limas y pomelos; nos llega el aroma de las adelfas y las gardenias. El aire se vuelve húmedo y blando; el calor es de vapor de agua y se ven niños desnudos, mujeres trabajando, entre los árboles, sólo con *kangas*[39] hasta la cintura. Se nota mucha vida y movimiento, lo que es reanimante después de tantos kilómetros sin poblados ni figura humana.

---

[38] Anacardo: fruto seco de forma arriñonada y con cierto sabor a almendra.

[39] Telas de algodón con dibujos de alegres colores.

Por fin: el mar. El Océano Índico que ninguna conocíamos.

Mombasa es una isla, una gran isla, que casi toca la costa en varios puntos. El mar es como un foso natural que le ha servido de defensa en su larga historia. También le ha ganado un comercio intenso con el oriente, porque es un foso de mar hondo, con suficiente calado como para acoger a barcos grandes.

En el siglo XV, los portugueses vieron esta situación ideal para hacer de Mombasa un puerto importante, y así lo fue durante los años de dominio portugués, y después, otra vez en el siglo XIX, cuando los ingleses se establecieron en la costa con su Protectorado.

Pasó el tiempo glorioso de las islas Lamu, Manda y Pate, con sus sultanatos independientes. Y también pasó el tiempo post-portugués con la preeminencia del Omán de Zanzíbar. Ahora Mombasa es el puerto comercial de más vida en la costa del este africano, con su cinturón costero de palmeras, sus parques marítimos, la pesca gigante de *marlin,* tiburón, barracuda, etc. Sus arrecifes de corales son una llamada misteriosa –como lo es África entera– a lo desconocido, a la naturaleza aún intacta, sin roturar por el hombre.

Al llegar, nos encontramos con una Kenia diferente. Mombasa es una ciudad dormida, perezosa: ciudad del mar. Se va por ella con sabor de salitre en la boca. Y también es una ciudad árabe, anclada por magia en siglos atrás. Ciudad, por eso, con su misterio, su manto oscuro como el *bui-bui* que oculta a las mujeres musulmanas.

Estamos en Likoni, esperando que vuelva el ferry que está en la otra orilla. Nos reciben, graznando, muchas gaviotas; y una bandada de chiquillos nos ofrecen anacardos en cucuruchos de papel de periódico.

El *ferry* empieza a moverse, rechinando, con nuestros dos coches dentro y otros 2 ó 3 coches más. Salimos a calles comerciales y concurridas: muchos hombres y pocas mujeres –cubiertas, incluso la cara, con el negro *bui-bui*– Todo está pensado para *fabricar* sombras, para procurar una minúscula corriente de aire: calles estrechas con casas altas, ventanas con celosía, puertas abiertas, patios interiores, toldos y ventilación cruzada. Hay que cubrirse la piel.

Preguntamos por la catedral católica, y allí Cuca nos da un susto innecesario porque se marea; pero se repone con la misma rapidez con que se cayó al suelo: es la bajada al mar desde 2.000 metros de altura y el cambio brusco del calor tórrido de la meseta a esta humedad de sauna a 40 grados.

Hemos alquilado en Mombasa una casa (con cocinero incluido, como aquí suele hacerse); el mar está enfrente, y el agua, a esta hora del atardecer, está caliente como sopa; cerca, bucea un africano joven que, cada vez que emerge, saca un pez de colores que ha *pescado* con una varilla de paraguas y lo sujeta a una cuerda que lleva alrededor de la cintura, donde hoy 12 ó 13 peces más.

Se está haciendo de noche.

Pescado fresco y papaya de cena.

Rezamos el rosario frente al arrecife de corales, a oscuras y con los brazos y el cuello cubiertos con nuestras *kangas*: hay un enjambre de mosquitos a nuestro alrededor. Pienso con alivio en los mosquiteros que he visto sobre las camas, aunque aún no sé que los mosquitos siempre encuentran un descosido o roto minúsculo para colarse dentro, pero nunca lo encuentran para salir. Basta con uno –y nunca es uno solo– para oírlo zumbar la noche entera. En la Costa hay mucha malaria, pero hemos tomado quinina antes de venir.

–Alphy, ¿por qué miras dentro de tus zapatos cada vez que te calzas? –pregunta Dorina.

Alfonsina Ramírez acaba de llegar de México y se nos ha unido al grupo, es licenciada en Filosofía y Letras y ha empezado a enseñar en Kianda College.

–Por si hay algún ciempiés escondido dentro –contesta Alfonsina.

–Eso lo aprendiste en Culiacán; aquí no hace falta.

–No deberíamos estar tan seguras; este clima es «igualito» al de Culiacán. Y además, aquí hay serpientes.

–¿Quién te lo dijo?

–El cocinero. Hay víboras; son muy numerosas.

Y Alphy siguió mirando dentro de sus zapatos antes de ponérselos. Dorina se encontró una víbora, cerca de ella, a las pocas noches. Dorina estaba frente al espejo del cuarto de baño y la víbora se miraba también en el mismo espejo, estirándose desde una tubería.

Llamamos al cocinero para que nos la matara, pero, quizá por nuestro mal kiswahili, para cuando entró en el cuarto de baño, la víbora había desaparecido. El cocinero nos apaciguó cerrando la ventana, mientras decía:

–*Mbaya sana.*

Dorina decía que la serpiente igual podía estar fuera que dentro; que era muy finita y larga, difícil de ver.

–*Mbaya sana. Mbaya sana* –asentía el cocinero–: las víboras son cosa mala, muy mala.

Las que dan clase en Kianda y Kibondeni tienen amigas aquí, en Mombasa, y van a visitarlas.

Tenemos clases por las mañanas y estudio y trabajo por las tardes. Algunos días vamos al arrecife de corales andando y nadando sobre las pozas, pero sólo cuando baja la marea; entonces, a los corales les llega un sol brillante, porque no están a mucha profundidad bajo el agua del mar, y buceando sobre ellos se penetra en un mundo de encanto:

> –corales blancos, malvas, dorados y rosas, corales de tono azul pastel; «edificios» distintos con calles de arena entre ellos: corales góticos, románicos, como pagodas orientales y como templos rusos (éstos son de color verde oscuro entreverados de negro; son grandes y sin aristas y nos apoyamos en ellos).
>
> –y peces de mil formas y colores: con trajes andaluces de volantes; o imitando flores: como campanillas y lirios; o ánforas de terracota. De colores verde y negro, rojo y negro, blanco y negro. Familias distintas, juntas según su especie, desfilando por la pasarela de arena blanca entre corales, brillantes de sol.

Vamos al puerto antiguo –Old Port–, donde están anclados los célebres *dhows,* barcos que, desde la antigüedad, llegan y vuelven de Arabia y de la India, impulsados por los monzones.

Cuando baja la temperatura, al anochecer, la ciudad se llena de jolgorio; muchos hombres toman tacitas de café árabe y agua de coco.

En una de las calles estrechas, de casas altas, hay un pasadizo; lo sigo, buscando unas *kangas* y *kitenges* para llevar de regalo a Nairobi. Y llamo:

—¡Alphy, mira esto! Hay un templo que parece de *Las mil y una noches*, blanco y con purpurina dorada en la cúpula.

—Es el templo hindú más célebre del continente —contesta Alfonsina—. La cúpula tiene cinco kilos de oro puro; por eso brilla tanto al sol. Las puertas labradas son de plata maciza; dentro y fuera se han usado sólo materiales nobles y ricos.

—¿Por qué sabes todo esto? —le pregunto con curiosidad.

—Es uno de los temas de las clases de arte de Kianda. Por cierto que, al explicarlo, se me acercó una alumna hindú para decirme que su familia, que lleva varias generaciones en la costa, fue de las muchas que contribuyeron a construirlo.

—¿Podemos entrar?

—Sí, pero primero nos tenemos que quitar los zapatos —me indica Alphy.

Vemos que todas las familias tocan, al entrar, una campana de bronce.

—¿Por qué lo hacen? —pregunto con asombro.

—Avisan a su dios de que están llegando —me aclara Alfonsina.

El templo es de planta redonda; no es grande; está revestido de mármoles preciosos, bronce en las puertas del fondo y decoraciones; lámparas de cristal de roca, encendidas; son tantas que aquello es pura luz.

Los hombres, pocos y vestidos a la europea, están de pie. Las mujeres, con *sharis* de seda natural bordados en plata y oro, y con magníficas joyas, están unas junto a sus maridos y otras sentadas en el suelo de mármol, sobre cojines, con las piernas cruzadas, como enseñan en el yoga. Tienen delante estrellas de mar pequeñas, caracolas, flores secas, de colores, granos de arroz: todo sobre esterillas de sisal. Las miran y, de vez en cuando, las cambian de sitio.

—Las figuras que componen les ayudan a concentrarse. Están meditando —me explica Alphy.

Empiezan a sonar campanas de bronce; tienen distintos tamaños y están colocadas en diversos lugares del templo. El sonido se va haciendo cada vez más fuerte; no lo puedo resistir y me tapo los oídos con fuerza.

Se abren las rejas de bronce dorado del fondo y aparece la estatua de gran tamaño de un Buda brillante. Una de las mujeres, con el pelo tan negro que es azul, y con *shari* verde y oro, tiene una bandeja de carey llena de velas encendidas. La acerca al Buda y le da vueltas y vueltas en círculos de ofrecimiento, hasta que las campanas dejan de sonar.

Con esto, parece que ha acabado todo. La gente empieza a saludarse al estilo europeo o juntando las manos y llevándose la derecha a los labios y a la frente, mientras se inclinan.

Salimos por nuestros zapatos y seguimos buscando las *kangas* y *kitenges,* para Nairobi. Pero yo ando como alucinada un gran rato; me impresiona la visita al templo hindú; me parece que he sido testigo de la gran necesidad que el hombre tiene de Dios, y me siento urgida, más que nunca, a dar a conocer al verdadero Dios al mundo entero: también a estos piadosos hindúes de Mombasa.

Se nos acaban los días de descanso y se nos está terminando Mombasa. Nos llevamos recetas para hacer nuevos menús en Nairobi; *chapatis* (tortas de harina, swahilis auténticos), café árabe y un arroz con leche al horno, cremoso y con limón, que es la especialidad de nuestro cocinero.

En aquel tiempo había pocos Swahili católicos en la costa, pero según fueron pasando los años, ex-alumnas de Kianda vinieron a Mombasa a trabajar y algunas se casaron con chicos de la costa, formando así familias cristianas. Otras mujeres del Opus Dei casadas vinieron destinadas por las empresas en que trabajaban ellas o sus maridos. Así, poco a poco, se dio a conocer el Opus Dei entre los Swahili y , cuando volví a Europa, había en la catedral de Mombasa retiros mensuales, dirigidos por un sacerdote del Opus Dei.

Creo que es un privilegio haber conocido esta tribu Swahili, especialmente alegre y modesta, que da a la costa una personalidad característica: mezcla de los mundos árabe y africano.

KIBONDENI SCHOOL

Cuando el nuevo edificio de Kianda quedó terminado y la residencia amueblada, yo me quedé trabajando en Kibondeni School.

La labor seguía creciendo y, especialmente desde los comienzos del curso académico del 1968, tuvimos que hacer un gran esfuerzo para poder llevar bien aquella avalancha de trabajo que nos desbordaba. Kianda College tenía ya 300 alumnas –que seguían aumentando cada curso– y 100 residentes, que no podían aumentar porque no había más plazas en el edificio.

Kibondeni School atendía los trabajos domésticos de Strathmore College. Teníamos edificios estupendamente equipados, pero el número de residentes había aumentado a 300 y requerían servicios completos de comedor, lavandería, tintorería y limpieza. En esta nueva etapa de Kibondeni se hicieron obras para agrandar las cocinas; se construyó un ala completa de pequeños dormitorios individuales para admitir más alumnas, y dos aulas, una de ellas muy espaciosa, llena de luz y con pupitres nuevos.

Dirigíamos aquel trabajo cinco mujeres; algunas bien cualificadas para llevar instituciones semejantes de hasta cien personas. Al subir el número a 300, el sistema de trabajo para cada servicio tenía que modificarse y tuvimos que ir aprendiendo sin que nadie nos lo pudiera enseñar. Pensamos que se necesitaría un total de 35 alumnas y queríamos seleccionar las 25 que faltaban antes de que empezase la actividad de la Escuela de Hostelería. Para eso, convocamos un examen: intentábamos encontrar estudiantes que hubiesen terminado su enseñanza primaria con calificación mínima de aprobado en todas las asignaturas.

Recibimos tantas cartas de solicitud que, para contestarlas, tuvimos que repartirnos el trabajo entre todas. Merche Goyarrola, que había venido de España, y Cris Cabello, de Inglaterra, se encargaron de preparar el material.

Llegó el día del examen. Desde las ventanas de las clases se ve el jardín lleno de chicas de 15 a 17 años, con pequeñas maletas de madera color naranja o un *kitenge,* atado por las cuatro puntas, con sus pocas cosas dentro. Vienen varias de la misma escuela, con el mismo uniforme de algodón, rojo brillante, amarillo o verde; y otras solas o con su padre o su hermano mayor.

Todos esperan en silencio. Cuando llamamos a las que deben hacer el examen, se ponen en fila 90 chicas y sólo tenemos 25 plazas. Saludamos a los familiares, uno a uno, y sacamos sillas al jardín para que se acomoden a la sombra, porque no tenemos espacio para todos dentro del vestíbulo de entrada y la sala de visitas.

Algunas de las chicas se pusieron bastante nerviosas en el examen. Me fijé en una que apretaba tanto el bolígrafo que se derretía la tinta en sus manos, y al final entregó el examen arrugado y con borrones.

–Hemos corregido enseguida los ejercicios para que puedan volver a sus casas por la tarde las que no hayan aprobado –nos dijo Cris–, y les abonaremos el viaje de vuelta a las que vienen de más lejos: no tenemos dinero para pagárselo a todas.

El primer año de Kibondeni School fue duro: esas chicas pertenecían a familias con pocos recursos y habían vivido siempre lejos de las ciudades. Tuvimos que enseñarles bastantes cosas: a subir las escaleras –las subían al revés, de espaldas–, a usar el cepillo de dientes y la ducha y a no perderse por la casa, como sucedió los primeros días.

En las primeras clases, aprendieron los nombres de los utensilios que se empleaban en los distintos departamentos, el manejo de las máquinas y los riesgos de las ollas a presión, ya que en una ocasión, una olla pequeña voló a lo alto de las ventanas de la cocina, rompió la cristalera y aterrizó en el patio donde tendíamos la ropa. También les enseñamos el nombre inglés de cada legumbre, de cada pescado o fruta: los conocían todos, pero en treinta lenguas distintas.

Empezamos los cursos en Kibondeni School, con la promesa verbal –que se cumplió– del Ministerio de Educación de conceder un Diploma oficial a las alumnas que completasen el curso favorablemente; a nosotras nos encomendaron desde el Ministerio preparar los programas de las materias teóricas y de clases prácticas del curso completo, para poder aplicarlos en nuevas escuelas del país.

Junto con las asignaturas básicas que se cursarían durante los tres años –Cocina, Cuidado de la ropa y Limpieza– se impartían cursos de uno o dos años de Nutrición, Corte y Confección, Cuentas, Bancos, Presupuestos y atención de maquinaria industrial de Hostelería. Además, las chicas se examinarían en la Cruz Roja de tres cursillos: Cuidado de enfermos, Primeros auxilios y Cuidado pre-natal y del bebé.

Las alumnas tenían sus horas de clase y estudio y un tiempo libre. A las 9 de la noche se tocaba el timbre que daba por finalizado el trabajo; las profesoras seguíamos hasta bastante más tarde de la medianoche, y nos habíamos levantado a las 6'30 de la mañana. Nos fuimos cansando bastante con este sistema, y creo que no teníamos energía suficiente para analizar de forma práctica la situación y poner remedio.

Además, la maquinaria que usábamos era importada, claro está, y conseguir un técnico era cosa de semanas; y de meses hacernos con una pieza de repuesto; y por ejemplo, un parón del lavaplatos suponía que 300 cubiertos de 3 comidas diarias tenían que fregarse a mano. Estando las cosas así, quizás no era muy necesario ningún análisis de la situación, sino seguir con nuestras largas jornadas de trabajo y que esto no afectara al horario de clases, descanso y estudio de las alumnas.

Una mañana, a las 7, al salir al jardín a abrir la llave general del gas –era lo primero que se hacía al levantarse–, encontré a las 35 estudiantes sentadas en el suelo del patio y con los pañuelos de colores –*kitambás*–, que siempre llevaban en la cabeza, bajos hasta la nariz. En Kenia bajar el *kitambá* es señal de enfado.

–¿Qué pasa? –pregunté con asombro.

–Huelga –contestó una sin mirarme.

Yo continuaba medio dormida y no hice ningún comentario; seguí andando como una autómata hacia el jardín, abrí la llave del gas y subí al piso de habitaciones de las profesoras. Les dije que miraran la situación del patio y, en silencio, las cinco nos pusimos a preparar los desayunos de los 300 residentes, los 35 de las alumnas y los 5 nuestros. Luego, como cada mañana, fuimos al oratorio. Durante la Misa el oratorio estaba vacío de alumnas.

Mientras desayunábamos, no se oía ni un ruido en la casa y creímos que, o bien seguían quietas, sentadas en el patio, o se habían ido todas a sus casas. No entendíamos nada, estábamos desconcertadas y no nos quedaban fuerzas para tomar con sentido del humor una situación semejante.

Cuando terminamos el desayuno y nos fuimos las cinco a la *batalla* de preparar la comida del mediodía, nos encontramos el patio vacío y a las 35 estudiantes trabajando cada una en su departamento, en silencio y con los *kitambás* levantados. No entendimos nunca por qué empezó aquello y menos aún por qué terminó, pero lo cierto es que aquel día algo hizo crisis, y desde entonces, en aquel patio se empezó a cantar.

De todas formas, cada fin de mes, cuando por la mañana yo abría la llave del gas, encontraba a veces a una o dos estudiantes con su maleta de madera color naranja o su hatillo de ropa a la cabeza. Sin dar explicaciones, me saludaban con un simple *kwaheri*[40], y en cuanto yo abría la puerta con otro lacónico *kwaheri sana,* se marchaban en busca de los autobuses que las dejarían en sus *huts,* con su madre y sus hermanos, los campos tranquilos y abiertos, y el sol que marca en las sombras las horas, amablemente, pero sin minutos, como el reloj del patio al que había que obedecer el día entero.

---

[40] Adiós.

Poco a poco, nosotras cinco fuimos adquiriendo experiencia: mejor distribución del tiempo, mejores métodos de trabajo; aprendimos a hacer nosotras muchas de las revisiones de máquinas, etc. Sobre todo fuimos conociendo la forma propia de reaccionar de las alumnas. Algunas de ellas pidieron la admisión en el Opus Dei y con el paso de los años fueron quedándose como monitoras en los departamentos y siendo las profesoras de clases prácticas de los primeros cursos de Kibondeni.

Willo fue la primera en pertenecer al Opus Dei, y creo recordar que a Willo siguió Indakuli. Esta última, porque sus padres ya no vivían, decidió viajar a Kakamega, para explicar su decisión al jefe de su clan que, en su caso, representaba a sus padres.

Nos contó al volver que el jefe, después de convocar una reunión de los ancianos del clan para pedirles consejo, le dijo:

–A lo que Dios pide, ningún hermano puede oponerse; así que tienes nuestro consentimiento. Pero te hacemos una petición: que no te vuelvas atrás, y que nos mandes una fotografía tuya para tenerte presente entre nosotros.

En el coche de la casa –era grande– íbamos cada semana al Mercado Central. Ahorrábamos varios miles de chelines semanales comprando allí la verdura y la fruta. De madrugada –de noche aún– Merche y una de las alumnas Kikuyu, con un termo de café caliente, salían en el coche camino del *Marketi*[41], donde Karuja, el mayorista, cumplía su misión de protector: les conseguía los mejores precios, les contrataba los cargadores y, a veces, les tenía preparado un regalo: unos aguacates o una piña de exportación, o una planta del jardín de su mujer, porque para Merche las plantas eran un *hobby*. Karuja decía siempre que el regalo era para las profesoras:

–*Mechi bashishi for Staff.*

–*Asante sana Karuja (muchas gracias, Karuja).*

–*Aya!*

[41] Mercado; hay costumbre de terminar las palabras inglesas en i (market-i)

Karuja se bautizó en la Iglesia Católica muchos años después, cuando ya eran sus hijos los que llevaban el negocio y él sólo supervisaba. Se bautizaron él y todos los suyos y, antes de eso, cuando murió el Fundador del Opus Dei, llevaba en su cartera, abultada con los billetes de las ventas, la estampa para la devoción privada del Siervo de Dios. Le tenía cariño y le llamaba *rafiki,* amigo.

En el *Marketi* todos los productos eran del día; llegaban de las granjas cercanas aquella noche, sin cámaras de congelación, pero con la maravilla del frescor de lo recién cortado. Los días de mercado, Merche oía la primera misa de la catedral; había pocas personas a aquella hora (gente que tenía que trabajar lejos, quizá), y veía a veces a una madre joven, con su niño sujeto a la espalda, que se acercaba a comulgar, o a un hombre mayor, de pelo blanco, que se descalzaba, por respeto, al subir las gradas del altar.

Volvían del mercado cuando estábamos desayunando. Al terminar, el equipo encargado vaciaba el coche y se llenaban las baldas de las despensas de bananas, colgadas de sus ganchos, de piñas, mangos, papayas, cocos, *passion fruits,* guayabas. Olía la casa a fruta madura. Y mucha verdura fresca y sacos, muchos sacos, de patatas –que traía Karuja en su furgoneta–, porque cada día los residentes consumían dos sacos y las patatas tenían que durar toda la semana. Se recogían los cestos, se guardaban los envases: operación *market* concluida. Merche hacía las cuentas.

En el patio, al sol, se sentaban las encargadas aquel día de las verduras: desgranaban guisantes y maíz, preparaban las habichuelas y los calabacines. Y la máquina de pelar patatas empezaba su música de dos horas. Entonces era cuando a las alumnas les gustaba cantar, y lo hacían bien, porque tenían buen oído, buen ritmo y bonita voz. Generalmente comenzaban las Waluhya, con sus voces llenas:

Mama yakhulinda nulai...so
ulunda ritala nulai...yi

(Mi madre nos cuida muy bien–sí)

Y siguen las Kamba, Kikuyu y Maasai:

iejoo nanyekiti elda kileng
temyenge nuneshoo eukihi nutonyi
enchoo wamani omu olmoyui

(Mi madre prepara la comida no para los pájaros,
sino para dársela a los que luchan).

A veces Agnes, nuestra jardinera, se unía a las canciones si es que pasaba por allí. Yo iba con frecuencia a verla al jardín, por charlar con ella y por si necesitaba algo.

–*Jambo, Anges!* (¡Hola, Agnes!)

–*Jambo Sana!*

–*Habari* (¿cómo estás?)

–*Mzuri* (muy bien)

Entonces le preguntaba si había visto la pareja de serpientes pitón que un día me confesó vivían al final de nuestra finca; yo le decía a Agnes que debíamos avisar al Zoológico y ellos se las llevarían, que ella por favor me dijese dónde, exactamente, tenían su agujero. Pero Agnes nunca colaboró en este punto, y cuando no trabajaba en alguna parte del jardín o no plantaba su maíz en el rastrojal cercano, yo sabía la razón, porque me explicó una vez:

–Allí están «ellas», es mejor dejarlas.

Agnes es mayor. Llega a las 9 de la mañana, andando, y a las 3 vuelve a su casa, también andando. Tiene la cabeza afeitada, como hacen las mujeres mayores de algunas tribus, y los pies descalzos. Con su *panga,* corta y corta hierba, inclinada hasta el suelo, las piernas rectas y cubiertas con la *kanga,* sin importarle el sol, sin levantar los pies más que para seguir cortando hierba debajo de ellos.

A las 3, Agnes ya ha almorzado; con las ramas secas que ha ido recogiendo durante la mañana hace un haz y se lo lleva, cargado a la espalda, sujeto a la frente por una correa fina de piel, para hacer fuego y preparar la cena de los suyos. Agnes es Kikuyu y ella y sus hijos son paganos; un nieto, católico, se casaría años después con una de nuestras alumnas.

Cuando pasaron muchos años, Agnes me hizo ir junto a ella.

Me llamó por mi nombre de pila, no el *mensab*[42] que siempre usan los africanos para dirigirse a las mujeres europeas. Agnes me dijo:

–La mujer de mi hijo vendrá a trabajar desde mañana, en mi puesto. Yo ya estoy cansada y me quiero sentar al sol, junto a mi *hut.*

Le dijimos que muy bien, le dimos una gratificación monetaria y le preguntamos qué le gustaría tener de regalo como recuerdo nuestro:

–Una radio –dijo Agnes.

La volvimos a ver muchas veces, cuando en el tiempo de las lluvias venía a plantar su maíz en el rastrojal, si no estaban «ellas».

Otro de mis recuerdos está relacionado con la celebración de bautizos. Cuando, al llegar a Kibondeni, me *presentaron* la casa –llaves, cajones, armarios–, también me dijeron:

–Éstos son el velo y el traje de los bautizos.

Tenían encajes y eran blancos, para significar la limpieza del alma de los recién bautizados: un regalo preparado con cariño desde Europa. Cada año se celebraba este sacramento en Kibondeni. Cada bautismo comenzaba con un sosegado proceso en el que la alumna, a petición propia, deseaba recibir clases de doctrina católica e iniciar el catecumenado. La conversión interior y la búsqueda de Dios a veces se producía a raíz del ejemplo que recibían de sus compañeras católicas, a quienes hacían preguntas, o bien, preguntando al sacerdote. Cuando habían decidido convertirse, escribían a sus padres pidiéndoles permiso, o esperaban a las vacaciones para hablar despacio con ellos. Después lo comentaban con la profesora encargada de su curso y con algunas de sus compañeras.

La ceremonia del bautizo se preparaba con especial esmero; el coro ensayaba y todas nos poníamos nuestras mejores galas. De rodillas, ante el altar, lee la neófita la profesión de fe; el sacerdote vierte agua sobre la cabeza inclinada y pronuncia las palabras del

---

[42] Señora.

sacramento. Terminábamos la ceremonia cantando el himno que suele usarse en ocasiones semejantes:

Mkristu miye niko salama
shetani we, si nijie...

(Soy cristiano y el demonio
no me vencerá.)

A lo largo de sus estrofas, con la sencillez del kiswahili, el himno canta:
a nuestro Padre Dios: *baba ni Mungu;*
a Jesucristo, nuestro hermano: *Yesu ni ndugu;*
a María, nuestra madre: *Na Mama yangu.*

En el himno se promete obediencia y amor decidido y perseverante. Y, efectivamente, cada una de las que se bautizaban eran verdaderamente apostólicas: en vacaciones, a su madre, quizá protestante, le enseñarían el catecismo; y a su abuela, con frecuencia pagana, le contarían de la Virgen y le regalarían un rosario. Y al hermano mayor, le hablarían despacio, mientras cosían sus pantalones; y le dejarían *Camino*[43], para que le hiciera pensar.

Las alumnas de la primera promoción se presentaron a los exámenes finales al terminar los tres años.

Desde el Ministerio de Educación, Miss Emma Njonjo cumplió su promesa: les entregó el Diploma personal y oficialmente, visitó la Escuela y nos pidió que le dejáramos entregar los Diplomas al año siguiente también.

Todas las alumnas que terminaron sus estudios buscaron y encontraron puestos de trabajo: Wangari estaba admitida como encargada de cocina en Nairobi School: eran 200 estudiantes y, hasta entonces, sólo trabajaban allí hombres; se iba con algo de miedo. Veinte años después, allí estaba aún y me ayudó a preparar unos presupuestos de plantillas de trabajo cuando empezamos la Escuela Secundaria. Awiti tenía trabajo en la Escuela Superior de

[43] Primer libro publicado del Beato Josemaría Escrivá de Balaguer.

Enfermería del Nairobi Hospital. Felicity, Wanja, Likhabi, en escuelas de sus poblados; Wanjiru, en el Parador de Turismo del Lago Nivasha...

Todas se fueron, un poco como se van los hijos cuando han crecido. Les habíamos enseñado todo lo que pudimos.

Unos dos años después, recibí una llamada de Nyanza, junto al Lago Victoria. Era Awiti:

–¿Es Toranzo el *family name* de su padre? –me preguntó.

–Sí, Awiti, es mi primer apellido –le contesté sorprendida.

–Volveré a Nairobi pronto; estoy con la familia de mi marido. Me he casado.

–Enhorabuena, Awiti, llama cuando vuelvas.

Vino con su hijo primogénito; le había bautizado con el nombre de Toranzo. Nunca tuve valor suficiente para decirle que Toranzo no era un nombre de pila sino un apellido. Quizá el hijo de Awiti transmita mi *family name* (apellido) a una futura generación.

NÓMADAS

Los pastores del norte del país y de la Gran Falla son tribus muy apegadas a sus tradiciones; su mismo medio de vida –sus ganados– les lleva de un sitio a otro aprovechando las mejores zonas de pastoreo, según las estaciones sean secas o de lluvia. Así, no agotan la tierra de pobre vegetación –semidesértica y de sabana– que es donde, desde el principio, eligieron vivir.

De estas tribus asombra el paisaje por donde se mueven: grandioso pero duro, árido, seco, ¡tan difícil!; y también impresionan sus hombres: de porte altivo, poderosos, de razas valientes; hechos y gastados –tallados– por esa naturaleza hostil.

Y allí está, en la horizontal infinita de la estepa Samburu o del lago esmeralda de los Turcana, la figura vertical, la raya oscura –como astilla viva, toda hecha de músculo– del nómada. En perfecto equilibrio con el paisaje, el hombre y el entorno están en armonía. El nómada está siempre alerta, con los músculos tensos, porque su mundo es también tierra del león, del chacal y del leopardo.

No tuve oportunidad de hacer amistades entre personas de estas tribus durante los primeros años en Kenia, aunque sí conocí relativamente pronto el norte del país.

Acompañé a Joan[44] en un viaje al este de Marsabit, al hospital de una misión protestante; fuimos en su coche, un Roho, que significa «espíritu» en kiswahili y estaba hecho para aquellos caminos de piedra. Saltaba y corría durante las millas y más millas que hicimos con él todo el día.

Pasamos Maralal, casi desierto ya, y desde allí me señala Joan las tierras de los Turcana al noroeste, donde estuvo encarcelado Jomo Kenyatta, antes de la independencia.

Llegamos por la noche al *bungalow* de la amiga de Joan: una construcción de madera levantada con unos postes sobre el suelo. La amiga de Joan es una chica inglesa católica que estudia los últimos años de Medicina y había ofrecido sus servicios, una temporada, a este hospital. Nos presenta al grupo que está allí tomando café: unos predicadores, trabajadores del hospital y la directora, que se despide pronto porque tiene que ir al día siguiente a una *manyatta* lejana. Hablan de viajes a Inglaterra para recolectar fondos. Cuando se marchan, preparamos las camas de campaña, para dormir.

–¿Cómo te encuentras aquí? –pregunta Joan a su amiga.

–Bien, es gente muy generosa; pero somos dos médicos y yo para todo el hospital. Y ahora, sólo uno; el otro está en Inglaterra, de vacaciones. Lo que yo hago a veces me aterra.

–¿Tienes que hacer cosas que no conoces bien?

–Exacto. Ayer, por ejemplo, tuve que operar en este sofá a un chico –¡valiente fue!– de unos 15 años al que un cocodrilo había destrozado una pierna.

–También tú fuiste valiente. ¿Cómo llegó hasta aquí?

–Lo trajeron sus amigos. Estaba desangrándose y no hubiéramos podido llevarlo al hospital: está lejos. Lo cosí aquí, como pude, sin anestesia. Espero que siga bien; iré mañana al poblado para verlo.

---

[44] Joan creció en Australia, en el extenso rancho de su familia, y vino a Kenia en trabajo de investigación para su doctorado en Veterinaria. Recorrió y conoció esta tierra como el rancho de su padre y se enamoró del país y de sus gentes. Encontró en Kenia su vocación al Opus Dei y, cuando el Fundador de la Obra decidió comenzar el trabajo en Nigeria, Joan se unió en 1973 al primer grupo pionero. Allí sigue.

—¿Era Turcana?

—Turcana. Tiene fama de ser la tribu de guerreros más valientes.

Dormimos con las ventanas y la puerta de tela metálica abiertas de par en par; fuera, cantaban miles de grillos.

Al día siguiente, visitamos el hospital atestado de enfermos —3 niños ó 2 mujeres en cada cama—. Estaban allí sin quejarse, pero sin sonrisas; los pacientes que venían a la consulta esperaban en grandes grupos bajo las pocas acacias, y charlaban animadamente.

Aquella mañana comimos en un otero desde el que se veía el desierto, allí, al lado, en la otra vertiente del monte.

Con el sol, el desierto tenía el color rubio de los camellos; desde la altura donde estábamos se veían muchas dunas; todo eran dunas, en verdad: suaves, redondas y quietas, inmóviles. Tenía el desierto un silencio distinto a los otros silencios. No era como el silencio de las selvas, que es húmedo; ni el silencio de la noche africana, que tiene muchas voces. La visión del desierto, goce puro, es algo inefable y parece eterno. «Kenia es la inmovilidad del eterno principio», quien dijo esto, pudo haberlo pensado mirando el país desde un acantilado del Rift o frente al desierto: no hay nada más quieto, ni más en paz.

—Es una pena que no podamos quedarnos otro día —se queja Joan—, tendríamos tiempo de bajar la montaña y podrías escuchar el *tobol* de las dunas.

—¿Qué es el *tobol*? —pregunto.

—La arena de las dunas —me explica Joan— se mueve imperceptible pero continuamente, y ese movimiento produce un rumor rítmico, que puedes escuchar poniendo el oído sobre la duna; ésta hace de caja de resonancia que multiplica y repite las notas de la arena que cae. Esto es lo que los beduinos llaman el ritmo del *tobol,* la «música secreta».

No podemos quedarnos; nos marchamos después de un té frío en el porche del bungalow de nuestra amiga; quedamos en volver a verla en Nairobi.

Fue en este viaje en el que oí un comentario duro que nunca escuché antes ni después en África; había salido Joan del coche a buscar gasolina y un chico muy joven que pasaba –debía de ser Borán– me dijo:

–*Mzungu, go home* (Blanca, vuélvete a tu tierra).

–Si me voy –le respondí–, ¿quién va a enseñar a tus hermanas?

Ahora nos mirábamos los dos con tristeza; yo, porque había venido a su tierra a hacer un servicio que él no agradecía, y el crío Borán también estaba triste porque un *Mwalimu* –un maestro– es una de las personas más respetadas y queridas en África.

–*Sorry, Mwalimu* –dijo el joven a modo de despedida.

Me pedía que le perdonase, pero nos quedamos serios los dos; nos habíamos hecho daño uno al otro, y eso no es buen hacer en África. Y nos dijimos adiós sin que hubiese sonrisas.

Joan me explica en el viaje de vuelta lo que ella conoce de las tribus nómadas:

–Cuando llegaron a Kenia, hicieron huir de las zonas centrales –que ellos elegían para sus ganados– a otras tribus de agricultores ya asentados desde hacía varios siglos. Los nómadas eran muchos, fuertes, orgullosas tribus guerreras, desdeñosos de la agricultura, independientes. Fueron los aristócratas de los grandes espacios abiertos.

–He oído decir –comento– que hubo una gran peste a fines del siglo pasado y que, desde entonces, las tribus nómadas quedaron muy disminuidas.

–Así es: en la gran peste del 1891, miles de sus animales murieron. Los nómadas conocían las zonas de peligro de la tsé-tsé y dónde ponía esta mosca sus huevos, y evitaban estas zonas. Pero no se libraron de la peste. Y, desde entonces, dejaron de ser el terror de las otras tribus.

–En Nairobi, en el Game Park, vi a un grupo de mujeres Samburu lavando en el río; toda la ropa que tendían era del mismo color rojizo-sepia y rojo-naranja; y de la misma forma rectangular. Y ahora, todos los nómadas que hemos encontrado tú y yo en este viaje también van envueltos en telas de color rojizo. ¿Por qué?

–Hace años vestían capas de cuero que les colgaban de los hombros. Las mujeres llevaban túnicas de piel de búfalo, curtida de forma muy fina. Ahora los hombres llevan esas túnicas de algodón rojo –un color que facilita el que se les distinga en la sabana– y también se envuelven desde la cintura con esa misma tela.

Una vez, después de este mi primer viaje al norte de Kenia, presencié una danza de guerra de los *morán* (guerreros) Samburu y Maasai en una *manyatta.*

Debía de haber agua cerca de aquel trozo de semi-desierto, porque allí crecían muchas acacias; en un claro, los árboles y las chozas abovedadas y de planta alargada, quedaban retiradas; al fondo estaban los *morán,* sin sus túnicas de color rojizo, en traje de guerra, con los torsos desnudos y los escudos amplios (de pieles de búfalo decorados profusamente) sujetos sobre el brazo izquierdo; y en la mano derecha las lanzas de hierro, largas y pesadas, de hoja ancha; en la cintura llevan espadas cortas.

Se colocan en una larga fila, de dos en fondo, figuras valientes, espléndidas; barbillas dirigidas hacia delante; perfiles rectilíneos y un color de piel muy oscuro en los Samburu y más claro en los Maasai, que llevan las piernas pintadas con dibujos geométricos de color sepia.

Frente a la fila de los guerreros hay una figura tocada con un gran adorno de plumas negras de avestruz que le hacen formidable y fácilmente distinguible de los demás. Este guerrero-jefe lanza un grito con el que comienza una canción despaciosa y desgarrada. Al oír el primer grito, las gargantas de los hombres se llenan de dura musculatura y de su pecho sale un sonido bronco, rítmico, que va a ser el único acompañamiento de la canción de guerra.

Los pies de los danzantes –adornados los tobillos con brazaletes de piel de mono– se ponen en marcha con la armonía del ritmo de la canción. Las figuras siguen rectas, serenas, y se paran en completo silencio cuando la canción enmudece. Luego, otro grito inicial; se vuelve a oír al guerrero del tocado de avestruz y entonces, vuelve el sonido bronco, formado dentro de todos los pechos; y el susurro acompasado de los pies desnudos en la arena.

Al final de la danza, la fila de guerreros corre; se levantan los escudos y se arrojan lejos las lanzas; pero lo que se me queda más grabado en el recuerdo es el sonido bronco y rítmico, nunca oído. Es más impresionante incluso que escuchar a los Samburu, cuando rugen imitando al león.

Comencé a tener amigos entre las tribus nómadas cuando Kibondeni School empezó a crecer. Entonces hacíamos viajes a tribus más alejadas de Nairobi para dar también facilidades de educación a familias de lugares donde había menos escuelas y, sobre todo, donde se preparaban menos carreras de grado medio, después de la enseñanza primaria y secundaria.

Dábamos a conocer Kibondeni a escuelas del Gobierno y de misiones católicas, y así fue como tuvimos una estudiante de la tribu Turkana y cinco estudiantes Maasai. También vinieron a Kibondeni dos hermanas, que se llamaban Kurunoi, hijas de madre Kikuyu y padre Maasai. Todas eran católicas y las cinco chicas Maasai habían estado internas en un colegio de monjas irlandesas, en Narok.

La estudiante Turkana sabía con quién se casaría al terminar el curso de Hostelería en Kibondeni: el hermano mayor de su padre había elegido ya –como es costumbre entre ellos– a su futuro marido, que estaba en un Training Centre haciendo estudios de Ingeniero Electricista. Él era la única persona de la que recibía cartas: sus padres no tenían casa permanente, ni dirección postal, eran nómadas, y cuando llegaban las vacaciones ella se iba en dirección al país donde sabía que estaba su familia en aquella temporada del año.

–Pero, ¿cómo los encontrarás en cientos de kilómetros? –le dije.

–Preguntaré muchas veces, hasta que encuentre otros grupos de nómadas que los hayan visto –me respondió resuelta.

En una ocasión, al volver de su estancia con la familia, le propuse a esta alumna Turkana:

–¿Podrías recoger en este magnetofón los rugidos de algún león? Tengo ya grabados sonidos preciosos de la selva: cascadas y

Kianda College (Nairobi, Kenia): Escuela de Secretariado que prepara a las alumnas para una profesión muy necesitada en el país.

Kianda College: un grupo de residentes en un rato de tertulia.

Mujeres trasladando hierba para construir los techos de sus huts.

Típico poblado bantú formado por huts, *pequeñas chozas de hierba, madera y barro.*

Kianda College: alumnas el día de Fin de Curso.

Mama Ngina Kenyatta saludando al profesorado el día de la inauguración de Kianda Residence.

Morán *(guerrero)*
de la tribu
Maasai.

Elders *(ancianos)*
de la tribu
Kikuyu.

La hija y la hermana de Mzee Jomo Kenyatta visitan Kianda.
Les acompañan Olga y Cuca.

Kimlea, una labor social que ofrece formación
a la población rural con pocos recursos.

Una de las clases de Kianda High School.

Prácticas de química en un laboratorio de Kianda High School.

Grupo de Primera Comunión en Kianda Primary School.

Una de las clases de Kianda Primary School.

Misa de acción de gracias en la Basílica de Nairobi por la beatificación de Josemaría Escrivá de Balaguer.

Clase de Catecismo en una de las escuelas de Tigoni.

pájaros. Ahora, me gustaría tener registrado el rugido del león.

—¡Qué pena que no me lo haya dicho antes! La noche anterior a mi venida no podíamos dormir con el rugido de varios leones.

—¿Estaban dentro de tu *manyatta*? —pregunté con miedo.

—No, pero un hombre salió al campo, por la noche, y los rugidos no cesaron hasta que los leones consiguieron matarle.

—Pero, ¿no fueron los demás a defenderle?

—No, estaba oscuro: nunca se ve cuántos leones hay cerca si es de noche; pueden matar a varios hombres; así mataron sólo a uno que, además, era viejo.

Me quedé aterrada: el pobre hombre viejo, sabiendo que nadie lo auxiliaría. Se me quitaron las ganas de grabar en el magnetofón rugidos de león y, menos, si eran nocturnos.

Las dos hermanas Kurunoi que estudiaban en Kibondeni querían mucho a su madre (digo mucho, aunque eso se podrá afirmar de todas las madres africanas), porque ésta era viuda y venía muchas veces a ver a sus hijas. Después de cada visita, las Kurunoi estudiaban incluso más y se portaban aún mejor; querían terminar su curso con notas brillantes y trabajar para ayudar a su madre y construirle una casa en la tierra de sus abuelos maternos, porque su padre no había tenido tierras: había sido nómada. Una vez, hablando con la mayor, le pregunté:

—Esther Lanoi Kurunoi, ¿tú crees que ser católico es bueno para los Maasai?

—Sí, mi padre nunca fue polígamo, porque era católico y, por eso, hizo feliz a mi madre. Fuimos una familia feliz mientras mi padre vivió; una familia unida que rezaba. Por eso, hemos seguido unidos; mi madre no quiere volverse a casar, aunque eso es lo común en la tribu. Vive para sus hijos y para el recuerdo de mi padre.

—Esther Lanoi Kurunoi, ¿tú crees que lo que el Opus Dei enseña es bueno para los Maasai?

—Sí, el Maasai debe rezar a Dios mientras cuida los rebaños en la sabana, y debe ser mortificado y llevar las vacas donde hay buenos pastos, y no dejarlas nunca cerca de la *manyatta* porque él sea perezoso para andar. El Opus Dei les enseñaría oración y mortificación a los *Maasai.* Y esto sería bueno para ellos.

Las cinco estudiantes Maasai de Narok eran delicadas como princesas; las cinco eran altas, espigadas, muy femeninas y buenas estudiantes. Me impresionó verlas saludar al padre de otra alumna Maasai, que había venido a visitar a su hija: había una compostura durante la visita y una inclinación al despedirse que se podría haber usado con un embajador, en una recepción de gala.

A veces, en las tertulias en el jardín de Kibondeni, al terminar el trabajo después de comer, hablábamos de cosas de la Escuela o de las familias de las alumnas. Las estudiantes, acudiendo a la intercesión del Beato Josemaría Escrivá, pedían favores: aprobar los exámenes, curar una enfermedad en la familia...

El padre de Luisa es dueño de gran parte de los campos de la reserva de Maasai-Mara. Nos contaba ella en una tertulia que el Fundador del Opus Dei le había conseguido un gran favor familiar. Le había pedido a Monseñor Escrivá que dos hermanos suyos, que no se hablaban desde hacía muchos años, se perdonaran. Su madre le había escrito sobre este asunto, con mucha alegría. Era un favor importante porque es difícil conseguir, dijo Luisa, que dos guerreros hagan las paces.

Las estudiantes Turkana y Maasai consiguieron trabajos en puestos de responsabilidad en hoteles de las redes de Turismo. Algunas siguieron estudios en Suiza, y Kosey es profesora en la Escuela Suiza de Hostelería en Nairobi.

¿Fueron semejantes a las alumnas de otras tribus? A mí me parece que en un aspecto no: en su reserva, en guardar la intimidad de sus costumbres tribales, de sus familias y de su propia personalidad. Como hacen las mujeres orientales con sus velos —con su *shari* la hindú, con el *bui-bui* la mujer árabe de la costa—, así fueron las Maasai en Kibondeni.

Cuando en la década de los 80 la Comunidad Europea financió la construcción del nuevo edificio de la Escuela, la RAI (TV italiana) realizó un documental sobre Kibondeni, incluyendo escenas de las aulas, de la llegada de las alumnas, del material de enseñanza; pusieron en todo cuidado e interés, pero el momento en que les vi entusiasmarse y mover sus cámaras con toda agilidad fue cuando empezaron las canciones y danzas africanas.

La última canción fue Maasai. Las túnicas de las Maasai eran largas, hasta el suelo, hechas con telas de algodón de fondo blanco y estampadas en tonos pastel. Las chicas no llevaban las cabezas afeitadas –como es costumbre entre las mujeres–, pero el pelo estaba alisado hacia atrás; se adornaban con collares de aluminio y de cuentas de colores.

En aquel patio grande de Kibondeni, lleno del sol abrasador del ecuador africano, sin tambores, sin las letras apasionadas y rítmicas de las canciones Luhyas, sin los gritos fieros de los Luos y Kambas, una voz sola empieza a cantar. Una voz de cristal que apenas se oye, tan alta y suave es la nota; y la melodía fluye en movimientos ondulados, suaves, que son ritmo puro en las otras figuras del coro, hieráticas, erguidas, que acompañan la melodía con un ritmo centrado sólo en el cuello y la cabeza y que tiene una gracia exquisita. Los collares metálicos acompañan con su sonido a aquella canción de elegancia de agua que canta. Sonido que la alumna Maasai debió soñar en ese contraste lírico y espartano de las tribus nómadas.

–¡Bellísimo!

–¡Impresionante!

No me extrañó el entusiasmo italiano. Cuando todo terminó, pregunté por el significado de las palabras de aquella melodía. Al parecer, era una canción de la tarde, de bienvenida. Y decía algo así:

Ya vuelven los hombres victoriosos.
Deja el cuenco fuera de la choza.
Ya vuelven los guerreros valientes.
Deja el cuenco dentro de la choza.

Y allí sigue el nómada indómito, que desprecia la debilidad y en cuya naturaleza está el guerrero, cazador y pastor de rebaños. Allí sigue, entre los amarillos tostados de la estepa y el gris monocromo de las tierras del norte. Su túnica roja sigue allí, y su figura rectilínea; y su tocado de trenzas de color ocre y su lanza, en la que se apoya, clavada vertical en la tierra seca.

UN MOSAICO DE TRIBUS

Cuando nos dimos cuenta de que teníamos que dejar la casa de convivencias de Karen –en la falda de las Ngong Hills– porque el distrito no tenía agua suficiente, empezamos a buscar una propiedad similar, y a una distancia conveniente de Nairobi, para seguir allí las actividades iniciadas en Karen.

Nos dio pena dejar Karen; el jardín de aquella casa y su escenario de montañas y valles solos y callados eran de gran belleza. Bajando la pendiente suave de la finca, se llegaba a un río estrecho; entre la vegetación lacustre –racimos prietos de lirios– vivían pelícanos, garzas, grullas de cabezas coronadas –con porte de emperatriz–, y una pareja de *jacanas,* gráciles, con sus patas finas como palillos y su ballet, eterno y nunca repetido, sobre los nenúfares. Disfrutaba bajando por aquella vereda mientras leía o trataba de memorizar palabras en kiswahili. Las *jacanas* y las garzas seguían a lo suyo, sin asustarse al verme: era su terreno, estaban en su casa.

Desde Karen nos fuimos a Limuru; allí se había vendido un cafetal y nos quedamos con el terreno de la vivienda, que comprendía una casita de campo, una casa de familia amplia de dos pisos –*The Old House*– y algunos acres de malezal.

Empezamos usando la *Old House* –se llamaba Kimlea y así

siguió llamándose– y a construir una casa de convivencias a la que pusimos el nombre que tenía el distrito: Tigoni.

Estos días estoy asistiendo a un curso de teología en Tigoni Study Centre, un centro que hace cinco años estaba aún sin construir –con jabalíes y ciervos viviendo entre la maleza de la finca– y que hoy, con su construcción sencilla pero cómoda, acoge durante todo el año, sin interrupción, a grupos de hombres y mujeres que atienden actividades de formación cristiana promovidas por miembros de la Prelatura del Opus Dei. Aquí se dan cita agricultoras, universitarias y mujeres casadas que hacen compatible su trabajo profesional con la atención a su familia (en Nairobi la mayoría de las mujeres están en esta situación). También vienen chicas jóvenes, empleadas o estudiantes de formación profesional.

El campo alrededor de la finca tiene ya árboles frutales que este año han dado su primera manzana y sus cuatro primeras ciruelas, no muy dulces aún. Pero los árboles están creciendo bien y el césped sí que está espeso y muy verde, como el de un campo de golf.

Hoy, en el curso al que estoy asistiendo, nos reunimos un buen grupo de miembros del Opus Dei; mientras pasan los pocos minutos que faltan aún para que empiece la clase, aprovecho para mirar a las participantes y las voy llamando mentalmente por sus nombres, tribus y nacionalidades: hay hindúes, algunas europeas (así llamamos en Kenia a todas las personas de raza blanca) y muchas de las tribus mayores: Kamba, Luhya, Luo y Kikuyu. También de otras tribus más pequeñas en número: Meru, Kalenjin, Embu, Kisii.

Pienso que aún no hay mujeres de la tribu Massai en el Opus Dei, ni de las tribus del Norte del país: los grupos Somalíes (que son musulmanes) y grupos Galla (que no lo son). Tampoco hay representantes de los Samburu y los Turcana, junto al lago de su nombre, que son «parientes» de los Massai. Con el tiempo también ellos se acercarán a la Iglesia a través del Opus Dei, como llegó la primera chica Kikuyu y la primera Kalenjín, y todas las primeras que fueron abriendo camino a la fe católica en una nueva familia, en un nuevo poblado.

Pero creo que realmente Kenia entera –con sus tres comunidades y sus muchas tribus– está representada aquí, en este cuarto de estar de Tigoni Study Centre. En Kenia, además de las tribus africanas, viven otras tres comunidades: europeos, asiáticos y árabes.

Los europeos, en su mayoría, son jóvenes que vuelven a sus países en visitas regulares *–on leave–* y de manera definitiva después de cierto número de años. La figura del *settler*[45] antiguo –el europeo que investigaba, labraba y plantaba la tierra propia y la hacía prosperar– ha ido desapareciendo, pero ha sido la base del progreso económico del país. El significado y la historia de esta comunidad europea extenderá su influencia durante muchos años, en un largo futuro.

Y no sólo el *settler* ha marcado la agricultura del país; la influencia inglesa llegó también y benefició para un futuro de muchos años a la administración, el sistema educativo, el comercio, todo. Y quizá ese buen poner en marcha el país, junto con el valor humanístico y la sabiduría encerrada en las tribus que la habitaban, ha sido lo que ha hecho de Kenia una nación destacada en el continente africano. Kenia es un país que básicamente ama la paz y trabaja por mejorarse.

Los asiáticos son, en su mayoría, emigrantes de la India y Pakistán. Debieron vivir en la costa casi tan pronto como los árabes y por la misma razón: el comercio; y con la misma ayuda para sus naves: la fuerza y la regularidad de los monzones. Son técnicos, comerciantes, mecánicos, constructores; importantes hombres de negocios. Y son también otras cosas: muy trabajadores, hábiles, deportistas. Comunidades pacíficas, amantes de la vida familiar. Aún hoy ocupan en el mundo laboral un lugar de unión y colaboración entre los europeos y los africanos.

Los árabes están en la costa de Kenia desde el siglo II antes de Cristo. Durante la Edad Media hay una civilización rica y compleja en la costa, centrada en el comercio árabe de oro, marfil y esclavos. Con el dominio posterior de los portugueses, cambió

[45] Primeros colonizadores que se asentaban en una porción de tierra para explotarla y cultivarla.

poco la situación de los árabes. Hoy no hay árabes en Kenia más que en las costas, y concretamente en Mombasa y en el distrito de Lamu. Aquí forman la mayoría de la población.

Aunque su influencia económica y política no es la de antes, los árabes –orgullosos de su ascendencia y entusiastas seguidores del Islam– siguen viviendo como propietarios, dueños de pequeñas embarcaciones *–dhows–*. También son mercaderes y usan el kiswahili como su lengua propia (no como lengua franca).

Pero la división actual más importante está en *las tribus.*

«En África no hay fronteras; ni siquiera entre la vida y la muerte», escribió Sédar Senghor, el presidente poeta del Senegal; en África esencialmente hay tribus.

Tribu es palabra universalmente usada, pero mal entendida. Esto ocurre porque el concepto es difícil de definir; sin embargo es un concepto clave: es la llave que abre la puerta al conocimiento del mundo africano.

Tribu tiene relación con lengua, con raíces étnicas, con cultura; la tribu está formada por un grupo al que cada individuo se siente íntimamente unido. Se trata de una unión muy fuerte, creada por una historia común, una forma de hablar, una familia ligada por matrimonios múltiples a otra familia extensa, de variados clanes que se tratan y se ayudan. De ahí que la tribu tenga también cualidades heredadas, hábitos sociales y culturales propios; características, rasgos, tendencias, talentos: idiosincrasia peculiar.

Cada tribu tendrá, pues, su forma propia de cultivar la tierra, de cuidar el ganado, de defenderse o atacar en caso de guerra; tendrá su estilo especial de gobierno; la manera de enseñar y aprender; sus costumbres para corregir y penalizar faltas o delitos de trascendencia social. Son propias también las costumbres para construir sus viviendas y su ciencia para curar enfermedades.

Estoy recordando tres escenas presenciadas en momentos y lugares distintos:

- La casa del abuelo de una amiga Kamba: una larga fila de pacientes esperándole cada mañana, y una habitación con hierbas de distintas clases y frascos con líquidos de colores diversos. El abuelo-médico, con atención cuidadosa, escucha y examina a los enfermos. Por la tarde, si ya no hay clientes, se marcha al campo, a veces con su nieta –mi amiga–, para buscar la flor, la raíz o las hojas que curan esto o aquello.

- Junto al Lago Magadi, una tarde de un calor insufrible; el sol quemando las aguas de soda del lago, en un escenario salvajemente bello y desolador; y bajo un árbol, un niño Massai al que su madre sostiene mientras le opera uno de su tribu –es una trepanación–. No sé qué anestesia ni qué medios asépticos estarían empleando. La familia, numerosa, estaba alrededor de las tres figuras. Pregunté a un médico africano si con aquel sistema se podía curar y me dijo que los Massai tienen una técnica centenaria y específica para esta operación concreta.
- En Kiambú, veíamos con frecuencia mujeres Kikuyu seleccionando plantas a los lados del camino. Un día, al pasar y saludarlas, les preguntamos si las plantas eran para comer; se ríen de nosotras y nos explican que buscan *dawa* –medicina– para cuidar a la familia; nos enseñan unas plantas que quitan el dolor de muelas: una se usa si es suave el dolor; la otra, si es muy fuerte. Y están buscando otra planta para cuando hay fiebre; aún no la habían encontrado.

Alguna vez, he preguntado a distintos africanos cuántas tribus hay en Kenia. Ellos contestan que muchas; y nada más. En realidad, no debía haber hecho así la pregunta, porque no suelen contestar concretando números. Por ejemplo, si preguntas a una señora amiga cuántos hijos tiene, lo más fácil es que te conteste: «Dios nos ha bendecido»; eso quiere decir que tiene muchos, pero no te dirá el número. No sé si en el caso del número de tribus ocurrirá lo mismo o sencillamente no hay forma de saberlo.

Aquí está, de nuevo, la raíz del problema: la dificultad de determinación de tribu. Un etnólogo puede contar 15 tribus donde otro ve una sola muy relacionada con otras, de manera que pequeñas diferencias no le parezcan significativas como para considerarla otra tribu. En ese caso, las clasifican como subtribus.

En lo que todos los estudiosos coinciden es en esto: en Kenia viven tribus pertenecientes a cuatro grupos étnicos: Bantú, Nilótico, Paranilótico y Cusita.

La mayoría de las tribus son bantúes y ocupan gran parte de lo que hoy llamamos Kenia; aquí se encuentran las tribus Swahili, Kikuyu, Luhya, Kamba y Kisii. Entre ellas hay grandes diferencias; pero son puntos comunes en todas –además del grupo étnico– las formas de gobierno difusas y la agricultura: cultivan mijo, centeno, tubérculos y hortalizas. La ganadería –donde ecológicamente fue posible– se adoptó más tarde.

Los nilóticos son tribus bien estudiadas históricamente. Su lugar de nacimiento estuvo en las márgenes del Nilo Blanco –al sur del Sudán–, desde donde, moviéndose hacia el sur, llegan a Uganda, Tanzania y Kenia. Aquí están los Luo, que se establecen alrededor del Lago Victoria (golfo de Kavirondo) y la provincia de Nyanza. Son agricultores y viven también de la pesca, aunque originariamente fueron pastores.

Los paranilóticos se cree (por tradición oral y por estudios lingüísticos) que son originarios de las regiones del Sudán y Etiopía, colindantes con Kenia y con Uganda. Eran nómadas y pastores, y hoy son tribus muy apegadas a su vida tradicional. Los Teso, al ocupar tierras buenas para el cultivo, adoptaron el arado y la agricultura. Son buenos productores de algodón y siguen teniendo gran interés en la ganadería. Usan campos de pastoreo comunales.

Por el contrario, los Turkana, al estar situados en la parte oeste del lago Turkana, zona árida, son eminentemente pastores. Lo mismo ocurre con la tribu Maasai, pastores que están en el Valle del Rift. Son también de este grupo étnico los Samburu y los Kalenjín. Todos ellos llegaron a Kenia después de los Bantú, ocupando las tierras del centro. Dividieron y separaron a los Waluhya y a los Kissi del resto; y más tarde, a los Kikuyu de los Kamba.

Los cusitas, procedentes de Etiopía y Somalia, se instalaron en el norte de Kenia. Son ganaderos de camellos y ganado vacuno, y también cuidan cabras y ovejas. A este grupo pertenecen las tribus Galla (Boran, Orma, Gabbra) y los Somalíes de religión mahometana; se sienten más unidos a Somalia que a Kenia.

Éste es el mosaico variado de pueblos de Kenia: un caleidos-

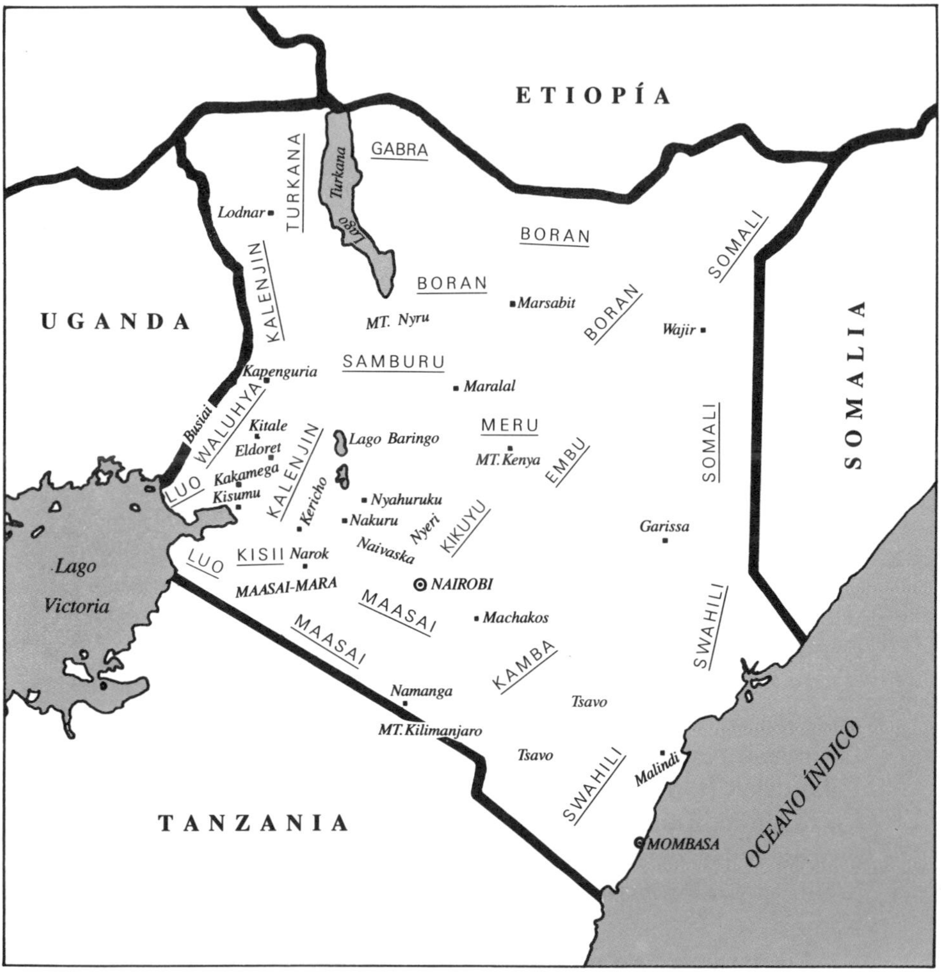

ETIOPÍA
UGANDA
SOMALIA
TANZANIA
OCEANO ÍNDICO
GABRA
TURKANA
Lago Turkana
BORAN
BORAN
BORAN
SOMALI
SOMALI
Lodnar
KALENJIN
Marsabit
MT. Nyru
Wajir
SAMBURU
Kapenguria
Maralal
WALUHYA
Busiai
Kitale
Eldoret
Lago Baringo
MERU
MT. Kenya
EMBU
KALENJIN
Kakamega
Kisumu
LUO
Kericho
Nyahururu
Nakuru
Nyeri
KIKUYU
Garissa
Naivaska
LUO
KISII
Narok
Lago Victoria
MAASAI-MARA
NAIROBI
MAASAI
Machakos
MAASAI
SWAHILI
KAMBA
Namanga
Tsavo
MT. Kilimanjaro
Tsavo
SWAHILI
Malindi
MOMBASA

copio de tribus. Las diversas raíces de cada tribu las hacen inconfundibles, y cuando se vive con una persona Kalenjín, Luo, Kikuyu, Waluhya o Kamba, se ve cómo en el pensar y en el hacer de cada uno, en lo pequeño y en lo grande, canta el alma distinta, de su propia tribu, con sus notas y música propias. Sin embargo, creo que hay aspectos comunes a todas las tribus kenianas; voy a destacar tres: su uso magistral del lenguaje, su expresividad y alegría de vivir y su gran humanidad en el trato.

Tienen las tribus maestría en la palabra hablada (dicción perfecta en las lenguas que hablan y facilidad pasmosa para aprender idiomas) y sobre todo, precisión y belleza en lo que dicen (son hábiles oradores), en lo que narran y transmiten (historias, tradiciones) en sus canciones (que son poesía) y en lo que rezan. Conversar es un arte; las palabras se eligen despaciosamente, mirando al paisaje o a la tierra (no a la persona con la que se conversa)[46]; se busca la frase de lejos (¿en la sabiduría?) y se le va a dar una forma concisa, respetuosa, perfecta; y habrá *pausas*, pausas necesarias y corteses, serenas y expresivas. Pienso que han de ser sabios y poetas para poder hablar así, tan pensativos ante las palabras y tan precisos al pronunciarlas.

Y son las tribus de Kenia ricas en expresividad y en alegría; he oído decir allí: *When the moon appears, all Africa dances*[47]; pero hay danza, ritmo, sonrisa y chispa vital a todas horas, por pequeños o grandes motivos –todo es motivo en realidad para un buen apretón de manos, para el *salama!* (¡saludos!), palabra repetida muchas veces a diario–, y en esa expresividad van envueltos todos los matices cotidianos, y todos los sentimientos humanos; el africano no mira nada de la vida con indiferencia, lo lleva todo al corazón.

Y los tambores parafrasean en las danzas los grandes temas vitales: la caza, la guerra, el amor, la familia, el trabajo; danzas sacras, danzas mágicas, danzas fúnebres; el tambor, con su voz noble y su espontánea expresividad: del dolor al júbilo, de la fiereza al heroísmo; con ironía, con emoción.

Pero me parece a mí que hay un tema, el hombre, lo que atañe a su vida y a su muerte, que es un asunto serio y grande para el

[46] Pregunté el porqué de esta costumbre y me explicaron: «Si se mira a los ojos de una persona, se le ve el alma y, a éso, nadie tiene derecho».

[47] «Cuando aparece la luna, todo el África danza».

africano; siempre se toca lo humano al acercarse a lo verdaderamente africano; lo mismo en las tierras altas que en la estepa; en la costa y en los lagos; y en la herida larga y honda de la Gran Falla.

Aquí, estará teñido de orgullo y valentía; allá, de prudencia y consejo; y en otro lado, de canciones, danza y música. Y siempre, de compañía, de familia, de niños que nacen; de ese trabajar unidos, cantando en la *shambas*, y de las mujeres que vuelven juntas y que se cuentan las noticias del día. Y, si son católicas, recitando, según caminan, el rosario a la Virgen.

En Kenia nadie está solo, se vive siempre con los otros. Cada persona tiene, por tradición, un sitio en la familia y en la sociedad. Y en ese sitio le corresponde un trabajo determinado. Y eso, desde que se tiene uso de razón hasta que el cuerpo, lleno de años, dice que «quiere morirse»; el *Na taka kufua* de los africanos.

Hay un sentido social fuerte con relación a la tribu y muy fuerte hacia la familia: los hermanos se ayudarán estrechamente durante toda la vida, y la madre es principio, raíz y centro, núcleo de la familia y el amor más fuerte de todos los amores de la tierra, para los hijos varones también.

Los niños –*watoto*–, desde su nacimiento están rodeados de caras sonrientes: sus hermanos (algunos aún con pocos dientes), sus primos y las mujeres amigas, que nunca se cansan de mirar a un nuevo bebé.

Y los abuelos mueren rodeados de hijos, nietos y biznietos, como patriarcas, dando a cada hijo su «manda», su último deseo que nunca queda incumplido.

Todas las tribus creen en un Dios único –Mungu–, creador y remunerador. Y esta creencia cuenta como la principal en cada una de las personas. Cada tribu tiene árboles o lugares sagrados, sitios de oración, de impetración a Dios, donde se le ofrecen las primicias de la recolección o el más blanco de los corderos del rebaño. Aparece en mil detalles de la vida tribal el respeto a la persona, la primacía de lo religioso y de lo humano: costumbres destiladas –como un licor precioso– de su hondo sentido transcendente de la vida.

EL TRABAJO AUMENTA

—¿No se cansarán nunca?

—¡Cómo se esfuerzan por llegar a todo!

Eran comentarios de las primeras residentes de Kianda, por los años 1967 y 1968, sobre las muy pocas y muy atareadas mujeres del Opus Dei, que, además de trabajar el día entero (y lo que hiciera falta de la noche) en las aulas y en la Residencia, eran las mismas que debían dirigir el trabajo de muchas otras personas y programar y respaldar la labor académica de la escuela y la labor educativa de la Residencia.

En Kianda Residence vivían cien chicas de tres razas y múltiples tribus, integradas en la Residencia y ayudándose unas a otras. Esto no ocurrió sin esfuerzo: fue costoso muchas veces; cada raza había tenido su área propia en la ciudad, sus propias escuelas, sus propios templos y clubs sociales. No habían hablado nunca unas con otras; se trataban cortésmente, se respetaban y ahí terminaba todo.

Poco a poco, se fueron haciendo amistades entre alumnas de diversa procedencia. En la Residencia había dormitorios para 3 y 5 alumnas: amplios, alegres, llenos de luz. Un solo comedor y un solo cuarto de estar. Las que estaban al frente de la residencia fueron las primeras en tratar sin distinciones a todas las alumnas y, cuando el tema se tocaba en las tutorías[48], se dejaban las cosas claras:

—Pam, ¿ves como puedes tener amigas africanas?

—No, sólo soy amiga de Ademba; ella es distinta de las demás —decía Pam.

—Te has molestado en conocerla: ésa es toda la diferencia. Los europeos habéis ignorado a los africanos desde siempre y eso no es humano, ni es cristiano tampoco.

A las europeas les están sorprendiendo, positivamente, algunos rasgos de comportamiento de las africanas. Por ejemplo, me han contado esta conversación entre dos residentes; la europea pregunta a la africana:

—Tú, ¿cómo te las arreglas con tus gastos personales? ¿Tienes suficiente dinero? A mí nunca me llega con cinco libras a la semana.

—La firma que me paga los estudios —contesta la alumna africana—, me da una libra semanal para mis gastos. Yo se la mando entera a mi familia: han de pagar el colegio de mis hermanos pequeños.

Otro punto en el que las africanas sorprendieron a las demás fue en los deportes. Eran estupendas atletas y esto sirvió también de elemento de unión. Se entrenaban en los fines de semana y después de las clases: baloncesto, tenis, hockey. A veces llegaron a las finales de copa en segundo puesto, en partidos nacionales. Se formaron dos equipos; se jugaron partidos en clubs europeos y asiáticos —Parkland, Impala, Hill Crest— y las estanterías del cuarto de estar empezaron a adornarse con copas plateadas y otros trofeos.

En 1968 la Federación Nacional de Deportes pidió que se formase una Selección Nacional de Kenia, para jugar un partido de hockey con la de Zambia. En Kenia, la mayoría de las que practicaban este deporte eran europeas y asiáticas. En Kianda College casi todas eran africanas. En la selección contra Zambia,

---

[48] Sistema pedagógico de origen anglosajón, por el que un profesor comenta individualmente a cada alumno su rendimiento escolar y otras metas educativas.

de 11 jugadoras de Kenia, 8 eran de Kianda. Y ganaron a Zambia 1 a 0.

El intento integrador de razas y culturas que movía a las profesoras de la Escuela se reflejó pronto en los medios de comunicación. En el periódico de mayor tirada de East Africa, en un artículo sobre la multirracialidad, se comentaba que, cuando en Nairobi se veían paseando grupos de chicas de distintas razas, se sabía que eran alumnas de Kianda College.

En otra ocasión la Presidenta de la Liga de Mujeres Africanas dio una charla cultural en la Residencia. En el coloquio final dijo:

–Si vinieran a Kianda Residence algunos de los partidarios de europeizar a la mujer africana, quedarían desarmados. Aquí se está creando el tipo de mujer que el país necesita.

La Residencia iba marchando bien, mientras, en la Escuela, el número de alumnas estaba aumentando de curso en curso hasta llegar a 600 alumnas; ahora Kianda divide su profesorado en Facultades según las asignaturas, de forma que la atención al alumnado siga siendo cuidadosa, individualizada.

Falta Tere en una de las reuniones de profesoras y Cuca va a buscarla. La encuentra tendida, con un almohadón debajo de la pierna derecha y preparando sus notas para la reunión.

–¿Qué te pasa, Tere? Tienes esa pierna hinchadísima –pregunta alarmada Cuca.

–Una picadura de serpiente; debió ser ayer en Minuru cuando di aquella clase en el jardín. No lo noté, pero anoche empezó a dolerme.

–¿Qué puedo hacerte?

–Nada. El médico me ha hecho esta señal con el bolígrafo; si llega la hinchazón a la señal, debo llamarle e ir a Urgencias.

–¡Sólo faltan dos pulgadas para que llegue!

–Sí, pero no llegará, no te preocupes. Llévate las notas: las están esperando. Y acércame, por favor, aquella carpeta: aprovecharé estas horas para contestar cartas. Debo estar sin moverme, eso ayuda a que no se extienda el veneno. Tuve suerte: la cobra debía ser pequeña.

Empieza Tere a contestar cartas de antiguas alumnas que escriben de lejos; están ya en muchas ciudades, de otros continentes incluso.

Hay noticias de Karuko: ha encontrado un buen empleo en Tokio y su carta viene de Yokohama.

La carta, desde Florencia, de Paola empieza:

«Tengo nostalgia de África.»

Catherine, Kikuyu, escribe desde Holanda; estudia Ciencias Sociales en Ondenosch y dice que ha conseguido allí una subvención para la Residencia.

Mary Ben Mramba está en Estados Unidos, es Taveta, de las laderas del Kilimanjaro; termina estudios en Georgià y pide plaza en la Residencia.

Mohine y Kiran, de la India; Ludhiana, Vivienne, y Penny, de Etiopía; Hazel, de Noruega; Desiré, de Austria... todas recuerdan con cariño su estancia en Kianda.

Tom Mboya –entonces Ministro de Finanzas– visitó el College el 22 de junio de 1966; recorrió las aulas y estuvo con las estudiantes un rato:

–Agradeced –dijo–, el que estéis en un hogar, no en un lugar donde hay una cama y algún espacio alrededor y donde nadie se interesa por lo que hacéis el día entero. Y acordaos de nuestras tradiciones africanas: ayudad a las menos afortunadas. Donde trabajéis, al terminar los estudios en Kianda, dad la mano a familiares y amigos.

Las residentes le hablaron de sus estudios, de sus actividades culturales y también de la formación cristiana que se impartía en Kianda. Hubo calor y afecto en la visita de Mr. Mboya y, al marcharse, mirando las aulas con las estudiantes trabajando otra vez en lo suyo, dijo como hablando consigo mismo:

–Nunca pensé que sería así.

En 1969, el Gobierno y el Parlamento aprobaron con valor oficial los diplomas de Kianda College.

Junto a la hija del jardinero de Kianda y a las alumnas a las que se ayudaba económicamente con becas –que fueron la mayoría durante muchos años–, estudiaban hijas de ministros y del Presidente del Gobierno. Llegaban también peticiones de admisión de otros países africanos.

Una hoja de inscripción decía:

Nombre: Agnes Kkwenge
Profesión: Princesa
Nombre del padre: Rukidi III
Profesión: Rey de Toro, Uganda.

De Swazilandia vinieron también princesas, hijas del Rey. Y fueron también residentes de Kianda descendientes de la familia de Haile Selassie, el entonces Emperador de Etiopía. Y Gaone, hija del Presidente de Botsuana, que luego vino a celebrar con miles de personas el 25 aniversario del College. Gaone llegó a la celebración con guardaespaldas por motivos de seguridad, y acompañada de un buen grupo de gente de su país.

Desde el principio, hubo estudiantes de Zambia: eran secretarias que trabajaban con las compañías explotadoras de las minas del Cinturón de Cobre. También había en Kianda estudiantes de Etiopía, Somalia y Zimbawe.

Nkomo, que luchó por la independencia de Zimbawe, al volver a su país después de atender la Conferencia de Lancaster, tuvo que quedarse en Kenia durante una escala de dos horas. Pidió permiso oficial para salir del aeropuerto y el Gobierno keniano le prestó una escolta motorizada con la que se presentó en Kianda para negociar un acuerdo sobre formación de secretarias en Zimbawe. En 1973 un grupo de mujeres del Opus Dei –africanas y profesoras de Kianda College en su mayoría– empezaron en Lagos, capital de Nigeria, una Escuela de Secretariado: Laggon College; tenían la experiencia de haber visto nacer y crecer Kianda. Después de trece años de intenso trabajo, una gran red de secretarias de Kianda se había extendido por África y otros continentes.

En una visita al Presidente de la República en 1974, Mzee Jomo Kenyatta comentó favorablemente la labor educativa de la escuela, que además había conseguido que parte del profesorado fuera nativo; algunas de sus profesoras eran ex-alumnas del centro, contratadas al terminar sus estudios.

Kianda College fue la primera Escuela de Secretariado del país: una novedad educativa, como lo fue también Kibondeni School; ambas abrieron camino para otras escuelas similares; años de esfuerzo hecho con realismo y visión de futuro. En 1976 había ya unas cien escuelas creadas por otras instituciones, siguiendo el esquema de Kianda.

Con el aumento de la actividad empresarial, industrial y diplomática de Nairobi, y con la instalación de varios departamentos de las Naciones Unidas, se fueron abriendo nuevas posibilidades de trabajo en este campo y Kianda College fue adaptando los cursos para cubrir puestos de responsabilidad en esos sectores. Lo que empezó en un viejo *Settler's Cottage* con cinco acres de tierra contaba en 1992 con 9.000 secretarias de 42 países –23 de ellos africanos– trabajando hoy en los cinco continentes.

En 1993, Kianda, que ahora prepara en sus cursos Informática y Secretariado bilingüe, se cambiará de lugar: el Gobierno ha donado los terrenos y la Comunidad Europea financia un nuevo edificio, ya casi terminado. Comenzará una nueva etapa.

Alrededor del trabajo profesional del College y de la formación humana de la Residencia, bajo el «techo» de Kianda, se fueron dando cita cientos de personas: compañeras, amigas, hermanas y madres de las residentes se pusieron en contacto con las labores apostólicas que miembros del Opus Dei promovíamos en Kenia. Y como el africano es sociable, comunicativo, deseoso de aprender y profundamente interesado en Dios, el trabajo fue creciendo.

En el día de retiro espiritual, que se celebraba mensualmente, el aparcamiento de la escuela se llenaba de coches y el oratorio se quedaba pequeño. La atención de las mujeres casadas, en su mayoría madres de nuestras estudiantes, se desarrolló con cierto desahogo cuando se inauguró Roshani en 1972. Desde hacía varios años funcionaba también el Faida's Girls Club, para chicas de edades comprendidas entre los 7 y los 13 años, que en el Club tenían oportunidad de realizar actividades extra-escolares y recibir formación cristiana.

Con el paso de los años fue creciendo el número de las mujeres que pidieron la admisión en el Opus Dei. Eran de diversas etnias y tribus, de distinta extracción social, de estudios y profesiones variadas. Podría contar cien historias sobre la formación cristiana dada en Kianda; elijo lo relacionado con la Navidad.

Cuando llega la Navidad, la celebramos con estudiantes, ex-alumnas y sus familiares, vecinos y amigos.

> *Kimia bara nabajari*
> *Kimia mbingu nadumia*
>
> (Silencio en los caminos y en los mares.
> Silencio en los cielos y en la tierra.)

Los hijos pequeños de nuestros amigos vienen a visitar el Pesebre de nuestra casa y cantan villancicos con la luz blanca o roja del Portal encendida.

En el campo, alrededor de las misiones, la tradicional fiesta se centra en la Misa de Medianoche. Desde los distintos poblados, los católicos se ponen en marcha; los hombres, con palos y *pangas,* por si se acercan las fieras; las mujeres, cuidando de los niños; los niños llevando, envueltos en hojas de platanero, los regalos de Navidad para la iglesia. Van con antorchas en las manos y cantando villancicos por los senderos del bosque, en hileras de luces y cánticos cada vez más cercanos a la misión, donde esperan sentados en la hierba, cantando y rezando hasta el momento de entrar en la iglesia. Al terminar la misa, se acercan a adorar al Niño y ofrecen sus regalos: un pollo, unos huevos, algo de harina, algunos guisantes...

En Nairobi, sin embargo, no existía esta forma de conmemorar la Navidad y desde Kianda y Roshani fuimos dando a conocer el modo cristiano de celebrarla. El padre de una de nosotras envió montones de felicitaciones –*Christmas Cards*– que empezaron a ser populares. Importamos belenes y hasta Sol Goyoaga, que había traído de Roma unos moldes de figuras de Nacimiento, con escayola y resinas realizó verdaderas obras de arte.

En 1969, Kianda preparó un programa navideño que se filmó en los estudios de *La Voz de Kenia* y que fue televisado en Nairobi y en Mombasa. Tuvo popularidad y, desde entonces, se graba uno semejante cada año, al llegar la Navidad. Lo preparó Kianda College al principio; años después, Kianda Residence y, luego, Kianda High School.

Desde 1973, vinieron desde los estudios a filmar el programa en la Residencia: intervenían en él residentes cristianas y no cristianas, como cuando lo hizo Habiba, musulmana. Nos pidieron que tradujéramos el programa al kiswahili para retrasmitirlo por radio. Y lo hicimos con gusto.

Poco a poco, la celebración cristiana de la Navidad fue haciéndose habitual en los medios de comunicación. Ahora, es frecuente encontrar belenes de todos los precios y, cuando las familias no tienen suficiente dinero para comprarlos, adquieren una figura del Niño Jesús o de la Sagrada Familia.

De octubre a diciembre llegan las lluvias cortas y en Nochebuena suele llover a mares. El oratorio de Kianda se llena esa noche con familias amigas –llegan a reunirse 200 personas–. Después de la misa, adoramos al Niño, que está en una cestita de mimbre africano, con puntillas que ha hecho Merche, y luego, cantamos villancicos en el cuarto de estar.

En África, por tradición, en ocasiones festivas de familia, la madre canta los triunfos de sus hijos y nietos. Una Navidad, Ursula Okondo me lee la carta que ha escrito su madre desde Nyanza, aquellas tierras amplias frente al Lago Victoria:

«No pude estar con vosotras este año, junto al Belén, pero le canté al Niño Jesús las cosas buenas que conozco de *mis hijas* y *mis nietas* en el Opus Dei; de las mayores y de las más jóvenes.»

Cuando se comenzó una labor social en el valle vecino a la escuela, unas mujeres del valle comentaron:

–Para los que vivimos aquí, Kianda es como una estrella grande. Por las noches, con las luces del jardín y las terrazas, la gente ve iluminados los caminos y damos gracias a Dios por Kianda. Dios está con vosotras.

—¿Por qué decís eso? —les preguntamos.

—Porque sin Él no hubierais podido hacer en tan poco tiempo algo tan grande, donde tantas africanas son felices. También Dios os bendice porque Kianda es un lugar en el que los *mzungus* (blancos) no sólo enseñan; también barren y cocinan para los africanos.

EN LAS COLINAS DE KILUNGU

Ndumi, la madre de una chica Kamba del Opus Dei, me invita a una *Ngoma* (fiesta), en su casa.

—Ven, mataremos una cabra —me dice— y hablaremos; y estaremos entre amigos.

—Me gustaría —le contesto—, pero, por una parte, estoy con un quintal de trabajo atrasado y, por otro lado, este año no ha habido lluvias y tú y tu familia lo estaréis pasando mal. Déjalo por ahora y gracias.

—Después de tus muchos años entre nosotros —me dice Ndumi— aún no has aprendido dos cosas: una es que el trabajo nos lo encontramos cuando nacemos y allí sigue estando cuando morimos; la otra cosa es que, si no tenemos fiestas cuando hay sequías, se nos pasará la vida sin muchas fiestas, lo que no debe ocurrir. En África decimos: «Ningún enemigo es más terrible que el hambre», pero una cabra siempre se encuentra, si se busca. ¿Y qué otra cosa hace falta para una buena *Ngoma*? ¡Vente!

—Iré —respondí.

Colinas de Kilungu; en una de ellas vive Ndumi. Cuando llego, ya está allí la familia con los preparativos de la fiesta terminados; esperan a los invitados. Como es costumbre, me sirven una bebida para refrescarme después del *safari* (viaje), mientras comienzan a asar la carne sobre el carbón de leña ya encendido.

Estamos fuera de la casa, algunos de nosotros a la sombra de escasos mangos y nísperos; otros, los más, a pleno sol. Hombres juntos, a un lado; y las mujeres, al otro. Aquí estoy yo con las *mamas* y las *nyanyas* (madres y abuelas), que conozco por tener a las hijas en Kibondeni School. Se hacen así grupos pequeños de amigos y, mientras tanto, las chicas solteras se encargan del asado y de traer y llevar cosas que las personas mayores van pidiendo.

Los mayores no nos movemos; sólo la dueña de la casa dirige el trabajo, desde su sitio casi siempre; en un momento hasta me deja ayudarle, lo que es un honor porque es como si me consideraran un poco de la familia. Los hombres son atendidos primero y les veo seleccionar los trozos de asado que deben llevarles. Luego, las chicas solteras vendrán a servirnos a nosotras.

En un grupo aparte, en asientos especiales, cuidadosamente servidos y al sol, está un grupo de *elders* (ancianos). El anciano es, en África, el eje de la vida social y el conocedor de la historia de la tribu que él transmite a la generación siguiente; por eso decía Senghor: «Cuando muere un *griot*[49] es como si ardiese una biblioteca»; y allí están ellos esta tarde, honrando la reunión con su presencia y hablando entre sí en voz baja, mientras contemplan las colinas.

Cada visitante es un huésped, un amigo, en su propia casa; lo más importante es hablar, la conversación: saber lo que ha pasado en el día a cada familia cercana. Saber lo que ocurrió en el mercado del poblado vecino. Y, si algunos no se han visto desde hace más tiempo, conocer cómo van las cosas desde la boda o el funeral en el que coincidieron la última vez.

Si en la reunión hay *visitors*, gentes venidas de más lejos –como es mi caso en este día–, se aprecian las noticias lejanas de

---

[49] Ancianos de África occidental, cantores de historias ancestrales de sus tribus. En Kenia los he conocido *narrando* esas historias con una voz suave, la mirada perdida en la lejanía y una sonrisa en los labios; los he escuchado con emoción parecida a cuando de pequeña me explicaron *El Mío Cid* y *La Canción de Rolando*.

la ciudad: los resultados académicos de las escuelas en Nairobi, que así se van comparando con las escuelas locales; también interesa saber cómo están las chicas jóvenes que ellos conocen y que cursan estudios en Kianda y en Kibondeni.

En la conversación hay risas espontáneas y sonrisas. Las personas hablan de una en una y hay pausas. Pausas: esa parte tan africana de la conversación. Pausas cortas en las que parece que se pesa y se recoge y analiza lo que se ha oído; y pausas bien largas, a veces, antes de hablar, como si se fuera a buscar lejos –en la experiencia, en la sabiduría– un pensamiento, hasta que se le puede expresar esculpido; y es siempre corto y bello.

No sé –¡y quisiera saberlo!– cómo piensa un africano, pero nunca les he oído hablar ni para crítica, ni para quejarse de las propias desgracias. Si llega el dolor, lo aguantan en silencio, con resignación; *shaurie Mungu,* asunto que pertenece a Dios. Lo callan y la lucha por la vida sigue. Pausas de la conversación africana, que son siempre expresivas, elocuentes en su silencio.

Y así va pasando nuestra *Ngoma;* no hay prisas en África, no hay tensión.

Unos buitres empiezan a volar a nuestro alrededor esperando un descuido para atrapar algo de la carne que nos han traído. Van llegando hijos jóvenes que vuelven del campo o de la escuela y que nos saludan uno a uno –primero a los hombres, luego a las mujeres–, con la mano derecha extendida y la izquierda sujetándola por la muñeca; las madres van presentándolos a quienes aún no los conocemos y, luego, ellos marchan sin hablar –por respeto no se habla delante de las personas mayores– a reunirse con los grupos de la gente joven.

Las hijas casadas vienen con sus niños, que dejan en el regazo de las abuelas. Uno de ellos me mira y empieza a llorar: pienso que es el miedo de ver por primera vez una persona de piel blanca; lo he experimentado ya en los ojos de muchos *watoto.* Su madre me explica que el día anterior una enfermera irlandesa le ha puesto una inyección en el hospital y ahora el pequeño cree que le han llevado, otra vez, al hospital.

La fiesta va a seguir, seguramente, hasta bien entrada la noche; los hombres, por lo menos, seguirán hablando y sorbiendo su bebida de maíz o de caña de azúcar fermentados *–tembu, changá–*. La sorben con largas pajas que llegan hasta la calabaza colocada en el centro del grupo.

Las mujeres jóvenes y sus hijos se irán pronto a sus casas, pero Ndumi y sus invitadas quizás se queden también hasta tarde, porque a ellas –no cuando eran jóvenes, pero sí ahora– les está permitido el bailar y cantar así, tarde, a la luz de la luna. Luna de África, brillante como el día, con su luz blanca que hace a los animales parecer rocas y a las sombras, de piedra.

Las mujeres quizás esta noche cocinen algo más y se queden cantando; y si les entra el *duende* africano, romperán a bailar solas, cada cual sola con su sombra –sombra de luna–, y será cada danza expresión plástica del alma de la danzante.

Yo tengo un viaje que hacer y empiezo a despedirme con la mano derecha extendida y la izquierda sujetándola por la muñeca: primero de los hombres, uno a uno; luego de las mujeres. Ellos me dan las gracias porque he venido y yo también se las doy por su hospitalidad.

–Asante, Asante, Sana[50].

En el coche me encuentro con regalos para llevar a Kibondeni: patatas y zanahorias, recién sacadas de la tierra, y hasta un pollo con las patas atadas.

–No deberías haber hecho esto –le digo a mi amiga–; el campo este año ha dado muy mala cosecha.

–Estamos bien, tenemos salud y trabajamos todos. Tú haces lo que puedes por nuestras hijas: en eso no te podemos ayudar. Y gracias por tus regalos: el té, harina y azúcar que nos trajiste.

Me dice Ndumi que, antes de marcharme, podemos ir a rezar juntas un rato a la iglesia de la misión que está cercana. Me parece bien y pienso que, además, mi amiga quiere hablarme a solas:

–¿Qué tal está mi hija en el Opus Dei? –me pregunta cuando empezamos a andar.

–Tu hija está aprendiendo, y vale mucho; y está contenta.

–Su padre y yo –dice Ndumi– rezamos cada día para que siga en ese camino. Su padre dice que, por la noche, cuando los

[50] Gracias, muchas gracias.

problemas de los otros hijos le quitan el sueño, se le marcha a ella el pensamiento y esto le da paz y alegría.

—Me gusta oírlo, y se lo diré a tu hija.

Hemos llegado a la iglesia y hacemos la visita al Santísimo. Al salir, Ndumi va en silencio y, ya cerca del coche, me vuelve a hablar. Yo sé que lo que va a decirme es lo más importante para ella; siempre es así en África: lo que más interesa, se dice al final de la conversación:

—Estoy preparando a mi hija más joven para que, un día, vaya con su hermana a Kibondeni y sea también del Opus Dei.

—Tu hija es aún pequeña —le digo—; tú en eso, sólo puedes rezar para que Dios le hable al corazón; ella es la que tiene que decidir, si descubre que Dios se lo pide.

—Sí, pero tú y yo podemos desearlo juntas —insiste ella.

—Así lo haremos; cuídate, Ndumi —le digo emocionada.

—Tú también: que tengas un buen *safari*.

—*Kwaheri* —nos decimos casi al tiempo.

Ha sido una tarde entre amigos, digna como la hospitalidad de los patriarcas, serena como es la tarde calina debajo de árboles de mangos y nísperos. Y también cristiana desde que el Sagrario está en medio de las colinas y las monjas de la misión enseñan doctrina cristiana en el colegio. El sacerdote irlandés deja la iglesia siempre abierta, mientras él se sienta durante horas en el confesonario. El señor obispo —que es africano y de la misma tribu de las colinas— fomenta la catequesis, cuida de sus sacerdotes y seminaristas y habla a los hombres casados de San José y de la fidelidad a una sola esposa. Un panorama que decenios antes, parecía un objetivo difícilmente alcanzable.

Y mientras el coche va bajando la senda de polvo, baches y piedras grandes y planas del cauce seco de los ríos —porque no han venido las lluvias este año—, voy recordando el trabajo de los primeros tiempos y cómo, sin prisas ni tensiones, ha ido produciendo frutos la labor del Opus Dei en Kenia y, concretamente, en esta tierra de la tribu de los Kamba.

En el primer viaje de promoción de Kianda College se encontraron, en el cauce seco de hoy, un ancho río. El camino que habían venido siguiendo continuaba en la otra orilla, pero frente al Volkswagen estaba el río. Tere bajó del coche y se fue metiendo en el agua para medir con un palo la profundidad, y se atrevieron a cruzar, sobre todo, porque aquel Volkswagen, que había pertenecido antes a una señora alemana, estaba preparado con una chapa metálica que protegía la parte inferior del coche.

Cuentan de ese día que cuando llegaron a un poblado, dos ancianas se acercaron a Tere y se empezaron a reír al ver sus gafas, Tere les siguió la broma y también sintió ganas de reírse al ver que una de aquellas ancianas llevaba un hueso alargado perforándole el labio inferior.

Aquel viaje fue nuestro primer contacto con los Kamba; ahora conozco mucho de su historia porque he visitado la región varias veces; así que mientras el coche sigue bajando voy recordando relatos que he oído contar a los *griots* de las colinas:

El padre de Mumbua me explicó una vez:

«Nosotros los *elders* hemos oído contar que nuestros antepasados, cuando aún no eran tribu, sólo un grupo, vinieron del sur, pasando la «Montaña Blanca» (el Kilimanjaro) y se asentaron cerca de la costa, en Taita Hills. Vinieron tiempos de gran hambre; las gentes vivían sólo de la fruta de los baobabs que tenía mucho alimento; y se movían por las selvas del Tsavo buscando estos árboles. Un grupo quedó en el Tsavo; otros buscaron un lugar permanente hacia el norte, en las colinas y en la meseta, y llegaron hasta Kitui.»

El padre de Nduku me había aclarado:

«Es en lo alto donde hay bienestar; en el llano hay fiebres, y la mosca tsé-tsé mata hombres y animales; las laderas de las colinas conservan un clima bueno para pastos y cultivos. En las colinas de Mbooni se refugiaron nuestros abuelos de los ataques Massai; allí se hicieron labradores y ganaderos, y crecieron en número suficiente para ser considerados una tribu. Y desde Mbooni fueron extendiéndose y ocupando tierras altas: Ukambani, las grandes extensiones actuales de la tribu Kamba.»

Y me pierdo en el pensamiento de las inmensas migraciones del continente entero; el africano ha sido siempre un gran migrador: «Yo he crecido –escribía Senghor– en pleno corazón de África, donde se cruzan razas y caminos.» Caminos, selvas, desiertos, sabana y estepas, mesetas y montañas, cruzadas por mil razas; pueblos en constante movimiento, aldeas provisionales, sin raíces; extrema movilidad de las tribus siempre dispuestas a partir de nuevo; pueblos con la casi única historia de venir de muy lejos, inmersos antaño en una existencia errante.

Los Kamba son buenos cazadores, ojeadores y soldados, y artistas de tallas de madera de ébano y olivo de Elgon, famosas en toda Kenia. Son también expertos en danzas tribales y acrobáticas. Es, en fin, una tribu de gente trabajadora y muy agradable en la vida social y familiar.

Acabo de recordar todo esto y también se termina el sendero de tierra y piedras. Estoy en la estepa y entro en la carretera de asfalto de Mombasa-Nairobi.

Echo una última mirada a las colinas, que van adquiriendo un tono malva porque quedan lejos ya y porque pronto se pondrá el sol. Allí ya habrán empezado a cantar las chicharras; y los pájaros alborotarán antes de asentarse para dormir. Veo a los lados de la carretera pequeños grupos de hombres jóvenes que deben volver del trabajo y que se hablan casi a gritos, porque, como suele ocurrir en África, caminan uno detrás de otro, en fila india, y no se podrían oír si no hablaran muy fuerte.

Después de Mumbua, que fue la primera, otras chicas de Kilungu pidieron la admisión en el Opus Dei. Ahora son ya mayores y enseñan a las que llegan más jóvenes; y llevan el peso del trabajo en las clases de Kibondeni y en los departamentos de Kianda; algunas están fuera de Kenia: en Nigeria, en el Zaire, en Costa de Marfil y Camerún, donde se cuentan entre las pioneras del Opus Dei en esos países.

En las colinas de Kilungu tenemos buenas amigas que se ayudan mutuamente en lo que pueden y también en su vida cristiana. Ofrecen a Dios su trabajo en las *shambas* y cada día se reúnen cerca de alguno de sus *huts* para rezar el rosario. He visto en la entrada de muchos de ellos la fotografía del Fundador del Opus Dei, a quien acuden como intercesor ante Dios.

CONTINÚA LA EXPANSIÓN

Mientras vivía en Kibondeni School, tenía que salir al jardín como encargo inicial cada mañana; eran sólo unos minutos los que se invertían en hacer girar la llave del gas que empezaría a calentar las ollas de agua para el *porridge*[51] del desayuno. Pero siempre, a aquella hora, salía el sol detrás de los campos de las ranas y de las Ngong Hills. Salía unos días de forma elegante, con nubes plata y gris; y otras, mono-tono: dorado; y a veces, alegre, con todos los colores juntos; y mucho naranja.

Sólo en África empecé el día así, con esa imagen en la retina. Y sólo en Africa, un rato antes de dar por terminado el trabajo de oficina, al anochecer, escuchaba media hora de concierto emitido desde las copas de los árboles, que casi metían las ramas en nuestras ventanas; los pájaros de mil colores, que durante el día han estado buscando lombrices por el sendero, se retiran a sus nidos al ponerse el sol, y tardan mucho tiempo en acomodarse y dormir; y mientras, cantan.

La belleza natural de África, no obstante, tiene una contrapartida tan real como negativa: en el continente negro es relativa-

[51] Alimento en forma de papilla suave hecha mediante la mezcla del cereal con leche o agua hirviendo.

mente fácil contraer enfermedades. Un proverbio africano advierte que «el ecuador sólo respeta al muy perezoso o al muy sabio» y, por lo visto, nosotras no éramos ni lo uno ni lo otro y África nos hizo sufrir. La enfermedad fue compañera frecuente del intenso quehacer diario.

En aquella tierra fecunda de dos cosechas al año, Dios quiso que la labor apostólica del Opus Dei se extendiera con trabajo y falta de salud. Quizá ocurrió así porque Kenia fue el primer país africano en el que se inició el Opus Dei y por eso debía *dar a luz* con dolor a muchas vocaciones para poder llegar a otros países del continente. Siempre –cuando alguna de nosotras estaba en el hospital– solía pedir la admisión en la Obra alguna africana.

Kibondeni no crecía en número de alumnas; no podía hacerlo porque sólo se admitía a las estudiantes contratadas en Kianda y Strahmore College. Pero desde 1985 tiene un edificio de planta, independiente, que financió la Comunidad Europea y que recibe alumnas externas. De todas formas, desde su comienzo, Kibondeni fue modelo y base para el inicio de las escuelas hosteleras de todo el país.

El Ministerio de Educación quiso que lo que habíamos empezado en Kibondeni cristalizara en una carrera media. Y nos pidió colaboración. Berny Okondo y Wairimu Njuguna habían terminado su carrera de «Institutional Management» en Nairobi y en Roma. Al volver de Europa, se ocuparon de la Escuela y de negociar con el Ministerio los trámites que, años antes, había comenzado Conchita Kaibel.

El Ministerio tomó los programas, directrices y experiencia de Kibondeni y, así, empezó la nueva carrera con el diploma final de «Kenia National Institutional Management». Los exámenes teóricos se convocaban fuera de la escuela. Para las prácticas, profesoras designadas por el Ministerio venían a los distintos centros docentes y presenciaban las evaluaciones. Año tras año, Kibondeni obtuvo los mejores resultados académicos.

Las estudiantes tenían verdadero interés por la Hostelería, y en las prácticas externas –en la universidad, hospitales, fábricas– las vimos portarse como profesionales maduras.

Kibondeni participó en numerosos concursos, en programas

de televisión y en competiciones deportivas con otras escuelas.

Aquella casa en la que, en los primeros –¡bastantes!– años no éramos capaces de terminar el trabajo hasta la madrugada, ahora marchaba sola, casi sin esfuerzo, con capacitación profesional y llevada, en gran parte, por sus monitoras y alumnas.

Kibondeni tenía un gran campo apostólico, además del relacionado con la Escuela. Kenia High School es uno de los colegios más prestigiosos del país; se construyó para hijas de familias inglesas, con magníficos jardines, piscinas y campos de deporte. Luego, se convirtió en escuela africana. Pues aquí íbamos, desde Kibondeni, a dar clases de religión a las estudiantes católicas. Luego, se unían al club de Faida. También ayudábamos en Kangemi, con clases de catecismo y alfabetización.

Los tambores de Kangemi sonaban siempre iguales y siempre distintos los sábados por la tarde. Los oía cuando trabajaba en la biblioteca; no me cansaba de oírlos. Hablan los tambores: a veces agresivos, impulsando a la guerra; y a veces, tristes, si anuncian que ha muerto alguien; y pausados en las ceremonias y rituales; y son alegres cuando hablan de nacimiento de hijos y de bodas.

Hay muchos tambores cuando vamos a la ceremonia de los bautizos de nuestra escuela, allí, en Kangemi; a las cuatro ya hay una multitud frente a la explanada donde han levantado una choza improvisada para la misa. Los que se bautizan llevan prendido en el hombro un papel con el nombre cristiano que van a recibir. Además de nuestros niños y mujeres, hay hombres jóvenes y viejos. El sacerdote está confesando detrás de la choza y, hasta que termina, suenan los tambores; y nosotros también cantamos.

Empiezan a salmodiar en kikuyu las letanías del Espíritu Santo:

Utuiguire thai
Utuiguire thai

(ten piedad de nosotros)

La ceremonia empieza a las seis y se celebra en kikuyu hasta el final. El sacerdote les dice:

—Sed seguros, fuertes en la fe y, para eso, acudid a la Virgen y rezad el Rosario.

La tribu Kikuyu, antes de que fueran cristianos, rogaba a Dios en sus *kirendi* (grupo que reza), con esas mismas palabras, junto a los árboles sagrados se decía:

Thai (paz).
Thai ya Ngai, thai, thai (pedimos a Dios, te pedimos paz).

Nos encargamos también de una escuela en Pumwani, barrio a las afueras de Nairobi. Con Constance Gillan van las cuatro estudiantes más fuertes en kiswahili. En la escuela los niños están separados por religiones: católicos, protestantes, musulmanes e hindúes. La construcción consiste en barracas de gran tamaño: hay campos de fútbol y baloncesto en el centro.

Cuando llegamos, ya nos esperan los católicos; los niños están jugando al fútbol con una pelota hecha de trapos y las niñas prueban su puntería tirando piedras a la cesta del campo de baloncesto, allí, nadie tiene un balón de reglamento.

La mayoría de las clases se suelen dar en el campo; otras, dentro de las barracas. Wamaitha tuvo un final inesperado en su clase: pidió a todos que se pusieran en pie para la oración de despedida y, antes de terminar de santiguarse, todos habían desaparecido por las ventanas. Les hizo volver, uno a uno, y salir por la puerta. Hay varios cientos de chiquillos en esta catequesis.

La mujer de uno de los ministros, a la que invitamos para la entrega de diplomas un fin de curso, dijo a las alumnas:

—No podéis apreciar ahora la inmensa suerte de educaros en este centro. Lo sabréis valorar a medida que pasen los años y hagáis uso de la formación que habéis recibido. Porque educar a una mujer, significa educar a una familia, y educar a un pueblo.

En Kibondeni teníamos un mapa grande, en colores, enmarcado: llenaba uno de los entrepaños de la pared del despacho de dirección. En él, con chinchetas rojas y amarillas, estaban marcados los lugares que, en las distintas tribus, corresponde visitar a cada una de las casas, Kibondeni y Kianda. Así, esos territorios eran conocidos por las mismas personas; esto importa mucho en África: se tratan y se conocen personas determinadas, no entes abstractos.

Frente a ese mapa nos reuníamos una vez al trimestre, para concretar visitas de promoción de la escuela. Quizá allí, en un cerro, se daba una clase a un grupo numeroso de mujeres, debajo de un árbol, a la vez que en una escuela se hacía selección de alumnas. Sentíamos que nos pertenecían cientos de kilómetros cuadrados. Ante aquel mapa de colores venían a la memoria escenas de muchas visitas estupendas.

Estoy recordando ahora el día en que acompañamos a Wambui, que iba a solicitar de sus padres permiso para pedir la admisión en el Opus Dei.

Después de escuchar a Wambui muy atentamente, el padre puso las manos de su hija entre las mías y me dijo:

–Ahora cuídala como hasta ahora lo ha hecho su madre; enséñale bien; ayúdala a que nunca vuelva a mirar atrás.

Luego, comimos con ellos y el padre nos contó que el primer misionero de aquel territorio vino solo, en una bicicleta; que venía con fiebre y se desmayó antes de llegar a la casa del *Chief.* Lo encontró él –nunca había visto un blanco–, se dio cuenta de que tenía malaria y lo cuidó en su *hut.* Le fue enseñando palabras de la lengua de la tribu y el misionero les enseñó a él y a su amigos, los otros hombres jóvenes, las verdades de la fe. Y él y sus amigos fueron los primeros cristianos del poblado. Ahora, ya tienen su propio obispo y sus sacerdotes africanos, pero aquel misionero blanco, con malaria, fue el primero que les enseñó la fe cristiana.

–Yo –dijo– le pedí a Dios que escogiera a alguno de mis hijos para ser sacerdote. Aún no me lo ha concedido, pero ahora quiere a mi hija mayor y, por eso, le doy gracias.

En otra ocasión visitamos a la familia de Nyambura. Su padre acababa de morir mientras rezaba, después de una larga agonía.

Saludamos a su viuda que, llena de entereza, le dijo a su hija:

–Vuélvete a Nairobi, no pasará nada en el hogar; seguiremos adelante sin tu padre. Yo tengo mi pena que pertenece a mi vocación; déjame que la lleve sola, que Dios me ayuda. Tú sigue con tu camino en el que también aparecerá alguna vez el dolor, al que tendrás que resistir.

Una vez pregunté a una madre Waluhya qué pensaba de la vocación de su hija. Y me contestó algo que me pareció de gran sabiduría:

–Le dije a mi hija: piénsalo bien, y si ves que Dios te llama y que puedes ser feliz viviendo en Kibondeni, sigue adelante. Tienes mi permiso.

Nuestros viajes recorriendo Kenia tuvieron mucho fruto, quizá debido al cansancio y riesgo que suponían. No obstante, se convertían siempre en alegría y en una lección para nosotras mismas: la que nos daban esos africanos, casi recién convertidos al catolicismo, pero que habían entendido su fe hasta las últimas consecuencias.

Con el crecimiento de las tareas de apostolado y formación fue necesario abrir dos nuevos centros: Watani primero y luego Kimlea.

Watani quiere decir «hogar de mucha gente» y eso fue: cada vez había más literas en aquellos dormitorios, hasta que ya no se cabía y apareció el nuevo Watani, construido de nueva planta, con habitaciones individuales. Allí vivíamos las que profesionalmente nos ocupábamos de las tareas domésticas de los centros del Opus Dei en Nairobi.

El Watani antiguo tenía, frente a la casa, un conato de jardín bastante birria, pero lleno de plantas de mil colores y siempre en flor que –no sé por qué– tenían un nombre español: «alegrías». Cavamos y plantamos aquel jardín –con disparos cercanos y todo– un día del año 1982, en que hubo una revuelta política que sólo duró 24 horas, pero que nos impidió ir a trabajar a la ciudad.

En Watani nos levantábamos a las 5:30, hacíamos un rato de oración con la luz de las estrellas entrando por las ventanas abiertas del oratorio, y después de la misa, en tres o cuatro minutos, quedaban abiertas las verjas grandes del jardín pequeño, y nuestra furgoneta y tres o cuatro coches más salían con las que cuidábamos de las casas esparcidas por la ciudad y los barrios residenciales de Westlands y Lavington. Llegábamos justo a tiempo de preparar los desayunos de toda la familia.

Watani era entrañable y alegre, distinto de todos los otros centros: casi vacío durante el día; lleno a rebosar de clubs y ciclos de hogar –chicas jóvenes y señoras casadas– durante los fines de semana; y ruidoso de risas, de historias y cuentos distintos durante la noche, al volver del trabajo.

En el cuarto de estar de Watani sólo faltaba un fuego de leña en el centro –mosquitos teníamos a millares–, para poder revivir reuniones familiares de años atrás, cuando la abuela o el jefe de familia narraban leyendas, mitos, historias de los héroes de la tribu o del origen del clan. A mí me dedicaron muchas tertulias contándome cosas:

–Nos enseñan, de pequeños, cómo defendernos de los cocodrilos –explica Akoth–. Si te cogen, lo que debes hacer es poner los brazos en cruz; así, no pueden tragarte; y luego, gritar hasta que te oigan y tiren de ti y te saquen de la boca del cocodrilo.

–Y si te siguen leopardos en el bosque –dice Wanza–, no tienen coraje para atacarte si no les molestas. Por eso, procuran poner su cola en tu camino; si la pisas, te atacan; hay que tener cuidado y no pisarles la cola.

Un día me contaron que los monos, si ven niños jugando en el suelo mientras sus madres trabajan en el campo, los suben a los árboles y se los enseñan desde allí a las mujeres. Cuando éstas dejan junto a los árboles lo que están recolectando –bananas, cacahuetes, raíces especiales que les gustan a ellos–, los monos bajan a buscarlo y dejan a los niños en el suelo, sin haberles hecho daño.

–Jugábamos con los hipopótamos, cuando estaban durmiendo al sol –dice Asiyo–. Saltábamos muchos niños encima, hasta que el «hipo» se despertaba y se marchaba al agua. El que ganaba el juego era el que se mantenía más tiempo sobre el «hipo».

Tertulias de Watani, con africanas de todas las tribus queriéndome enseñar, con sus relatos vivos –como filminas en tecnicolor– sus tradiciones milenarias; y me quedan en el recuerdo:

• el olor acre, a humo, de los poblados, cuando alrededor de los fuegos de los *huts* están reunidas las familias;

• el color y la calma de los lagos Bogoria y Baringo en su cielo hondo de inmenso azul;

• las arenas de la costa, calentadas por el sol; los elefantes del Tsavo bebiendo en un charco...

26 DE JUNIO DE 1975

Transcribo en español la siguiente carta escrita en abaluya:

«A mis hijos, los sacerdotes del Opus Dei:

Me dolió la noticia de la muerte del Fundador. Escribo porque me viene a la memoria el dolor que sufrí cuando mi esposo murió en el hospital, allí, en Nairobi; fueron ustedes los que le llevaron los últimos sacramentos y le ayudaron a tener una buena muerte. Ahora, ustedes tienen un dolor como el que yo sentí.

Estoy rezando a nuestro Señor y a Su Madre la Virgen María, para que reciban el alma del Padre y para que me sea dado, un día, encontrarme con él donde él se encuentra ahora; y también, para que nos den un nuevo pastor para reemplazarle y cuidar de nosotros.

Rezo por ustedes, los sacerdotes, porque me doy cuenta de que el próximo pastor de la Obra saldrá de entre los sacerdotes. También rezo para que sigan el ejemplo de su Fundador.

Entre nosotros, los africanos, cuando el padre y cabeza de un hogar se muere, es el hijo mayor, entre los varones, quien se hace responsable de cuidar lo que su padre poseía, siguiendo su huella. Si los hijos mayores están unidos, los más jóvenes de la familia continúan bien protegidos, e incluso los nietos encontrarán la acogida de un buen hogar. Si los hijos mayores estuviesen desunidos, causarían daño a los más jóvenes.

No quiero decir nada más. La noticia me ha afectado mucho. Que Dios les bendiga, hijos míos, que yo rezaré siempre por ustedes.

Firma: Clementina, madre de Oda, Ursula y Berny, mis hijas del Opus Dei.»

El Fundador del Opus Dei se nos fue al cielo el 26 de junio de 1975. En Kenia aquella tarde, nos fuimos enterando de la noticia en cada centro.

Ese día, yo estaba en Kimlea, donde, entre cafetales y plantaciones de té, enseñábamos a leer y escribir y las tareas del hogar a las mujeres de los alrededores. Pensé entonces en la vida del Fundador, en lo que Dios quiso que él comenzase y que ahora estaba granado en cinco continentes; en el fruto que había dado y daría en siglos futuros en servicio de la Iglesia. Pensé también que se aproximaba el tiempo en que nuestro Fundador iba a ser Padre no sólo para sus hijos en el Opus Dei; sería un tesoro de la Iglesia universal, al que un día llamaría santo y al que acudirían muchos cristianos del mundo entero para pedir favores por su intercesión y para imitar su vida.

Un sacerdote de la obra residente en Kenia volvía de viaje y tuvo que hacer escala en Roma ese mismo día, el 26 de junio. Asistió a los funerales por el Fundador del Opus Dei, celebró una misa ante su cuerpo y se quedó rezando allí, a su lado, todas las horas que pudo hasta que salió su avión para Nairobi al día siguiente. Fue un gran consuelo que este sacerdote pudiese, a su llegada, darnos a conocer detalles de ese día; y el dolor se hizo menos desolador.

Pocas fechas más tarde, se celebró en la Catedral de Nairobi el funeral por el alma de Mons. Escrivá de Balaguer. Acudieron gentes de diversas tribus, edades y condición social. Cada año, hasta su beatificación en 1992, se celebraba una misa recordando su fallecimiento; este aniversario se fue haciendo una costumbre familiar –la Obra es una familia– que atraía a muchos kenianos que se habían beneficiado espiritualmente del trabajo apostólico del Opus Dei. La catedral se fue quedando pequeña y las filas de personas que esperaban recibir el sacramento de la penitencia se hacían más largas cada año.

Para esas ocasiones se imprimían pequeños libros con los textos litúrgicos de la misa y con la música de los cantos: latín, gregoriano, y también himnos en kiswahili; lo único que se oía durante la celebración de la misa era el paso unísono de sus páginas.

Un obispo de Zambia conoció así la Obra. De paso por Nairobi, quiso visitar la Catedral, y se encontró con la explanada llena de coches y el templo rebosando de fieles que rezaban en silencio. Había tres sacerdotes en el altar: uno era Luo, también hijo del Fundador, y dirigía la ceremonia. En la sede, presidiendo y rezando con todos, Monseñor Moris Otunga, el primer cardenal de la tribu Luhya. Antes de regresar a Zambia, aquel obispo se llevó a su país de origen, información escrita sobre el Opus Dei y su Fundador.

En años sucesivos, se unieron a la de Nairobi otras misas de aniversario en distintas ciudades: Mombasa, Kakuru y en lugares escondidos, remotos, pequeños, de poblados lejanos en las colinas de Kilungu o en las orillas del Lago Victoria.

Poco después del fallecimiento del Fundador del Opus Dei, se editó en inglés una estampa para la devoción privada con el fin de pedir a Dios gracias o favores por su intercesión; luego se editó también en kiswahili y más tarde en kikuyu y en luo. Muchas familias la rezaban al final del Rosario y cuando tenían una necesidad grave o cuando alguien estaba enfermo. La estampa fue difundiéndose en poblados lejos de Nairobi; supe que en una ocasión, la única estampa del poblado se clavó en un árbol para que rezaran todos los que quisieran.

En los años anteriores a la beatificación del Fundador del Opus Dei, amigas y alumnas nos contaban favores acerca de cosas grandes y menudas que les eran concedidas por la intercesión de Mons. Escrivá; además, familias y personas singulares le consideraban *amigo* y llevaban con ellos la estampa para la devoción privada. La última muestra de esta amistad, que recuerdo, ocurrió la víspera de mi viaje de vuelta a Europa; al decir adiós a una amiga, su hijo de unos doce años me entregó una carta para Mons. Escrivá, diciéndome:

–He escrito todo bien explicado.en esta carta. Cuando llegues a Roma y vayas a rezar junto al Fundador, en la Cripta, léele la carta entera al Padre, léesela en alto.

Así lo hice.

A raíz de la muerte de nuestro Padre, creció el trabajo apostólico en los países donde estaba trabajando el Opus Dei. En Kenia –además de los muchos favores que se concedían por su intercesión– aumentó el número de personas amigas que se acercaron a la Iglesia católica, y se desarrollaron campos apostólicos que hasta aquella fecha habían resultado difíciles de poner en marcha.

En 1975 se cumplieron quince años de la llegada de las primeras mujeres a Kenia. Desde el año de la independencia, 1963, empezó a crecer el número de conversiones de protestantes y paganos al catolicismo.

A los centros del Opus Dei, junto con el trabajo profesional –intenso siempre, de cada una de nosotras– llegaba también, de vez en cuando, la solicitud de amigas o de alumnas para que les ayudásemos a preparar su bautismo o su matrimonio canónico.

Desde 1975 aumentó esta labor, y ya no volvió a disminuir en los años siguientes. Todas tuvimos que sacar tiempo para preparar clases, acompañar a amigas a los exámenes previos al bautismo, etc. Desde la catedral, solían preguntarnos si podíamos hacer un hueco en nuestro programa de clases para alguna neófita más.

Una tarde, llamó a Kianda el Cardenal Otunga preguntando si entre nuestras amigas había alguna preparada para recibir el bautismo; el Santo Padre deseaba impartir este sacramento a algún africano durante la vigilia pascual en Roma.

Mwangi tenía una amiga Luo, pagana, que estaba casi preparada. Había concretado con ella la fecha del sacramento para después de vacaciones; esa chica era bachiller y acababan de dar las vacaciones en las escuelas. Mwangi sabía que su amiga vivía en uno de los barrios periféricos de Nairobi y allí se fue aquella noche, de puerta en puerta, hasta que la encontró.

Salieron las dos para Roma al día siguiente. Durante las ocho horas de vuelo estuvieron revisando, en el catecismo, las partes que la chica pensaba estudiar durante las vacaciones. Fue bautizada por el Santo Padre con el nombre que ella había elegido: Mariam.

Recuerdo también con alegría especial el bautismo de Mina, porque era de raza india y musulmana de religión, y estas conversiones suelen ser difíciles y pueden suponer rupturas dolorosas con las familias.

En Kianda llegaron a celebrarse quince bautismos de adultos anualmente. Desde Kibondeni y Watani también se preparaban catecúmenas que eran recibidas en la Iglesia católica o bautizadas en la parroquia de Saint Austin de Nairobi.

El trabajo apostólico de los miembros del Opus Dei en Kenia también recibió un fuerte impulso después del fallecimiento de nuestro Fundador: gracias a su intercesión y a un trabajo tenaz por nuestra parte, las dificultades existentes se fueron superando.

En 1975, se inauguró la sede independiente del Faida Girls' Club, para jóvenes. También en 1975 se consolidó el trabajo en Kimlea Training Centre. Y Malikiwa, centro para estudiantes universitarias y jóvenes profesionales del Opus Dei, me la encontré en plena construcción al volver de un viaje a España, a finales de 1975.

Roshani, una casa adquirida anteriormente, tenía un jardín inglés, de árboles tropicales con copas cubiertas de distintas flores. Algunos eran los célebres *Nandi, Flame Trees* –árboles de llamas–, con flores de color rojo vivo. También había orquídeas silvestres que crecían en los troncos de los árboles, y arbustos de gardenias de color blanco y rosa; un árbol de flores de la luna, *Moon Flowers tree,* y un árbol gigante, que había venido de la India y que servía de techo a una buena parte del jardín.

Se decidió edificar Malikiwa en aquel jardín; el único requisito arquitectónico era que las dos casas estuviesen unidas. Cuando me vine a España, dejé a Tere defendiendo ante el arquitecto cada uno de los árboles. Aquel señor, preguntaba:

—¿Es que quiere usted, como los africanos, que la entierren debajo de los árboles?

Tere ganó la batalla: el único árbol que no encontré al volver, fue el árbol de alcanfor. Ese nadie pudo salvarlo, porque estaba en el lugar donde se unieron las dos casas. Siempre lo eché de menos; durante un par de años lo buscaron las palomas blancas. El alcanfor, unos meses al año, daba unas semillas negras que las palomas venían a buscar puntualmente. Esta vez, como me pasó a mí, no encontraron el árbol y se quedaron por el jardín un par de días, esperando desconcertadas.

Se llenó Malikiwa de estudiantes universitarias. Durante una temporada, venía un mono de color gris perla al jardín y robaba la fruta y algún que otro sandwich de las comidas preparadas para las residentes.

En 1975 se estudió la posibilidad de poner en marcha el colegio de Enseñanza Media; las antiguas alumnas de Kianda College lo venían pidiendo desde años atrás: querían para sus hijas una escuela con el mismo ambiente que ellas habían tenido en el Colegio de Secretariado y en la Residencia. El Fundador del Opus Dei había hablado a Olga en 1973 sobre la posibilidad de empezar un colegio de este tipo y, también, un centro cultural universitario donde las chicas africanas que fuesen a la universidad de Nairobi pudieran seguir formándose.

La Escuela Secundaria, Kianda Secondary School, supuso un gran esfuerzo económico, administrativo y de profesorado. Fueron preparándose aulas, uniformes, campos de deporte, profesorado, laboratorios. En unas aulas provisionales, se empezó a dar clase en enero de 1976. Antes de su fallecimiento, nuestro Fundador regaló *la primera piedra* de la escuela: un cáliz que se usó, por vez primera, en la misa con que se inauguró el curso.

El plan de estudios de Kianda School ofrecía, completas, las ramas de Ciencias y Letras; además, asignaturas facultativas (*prestige sujects*) y actividades extraescolares; en la escuela se impartían clases de doctrina cristiana para las católicas y para quien libremente lo deseara aunque no perteneciera a la Iglesia. La escuela además se ha distinguido, cada año, en las actividades musicales del National Festival, y en competiciones deportivas.

En una reunión de padres de Kianda Secondary School se habló de la necesidad de adquirir terreno para el área de deportes. Pensaron en organizar un *harambee* en el que se invitase al Presidente de la nación, que podría también inaugurar la Escuela. El *harambee* (esfuerzo común, todos a una) es un sistema usado en el país desde hace años para recaudar fondos cuando las familias o instituciones necesitan hacer un gasto superior a sus posibilidades.

Daniel Arap Moi, Presidente de Kenia, aceptó la invitación. La semana anterior al acto, empleados de Goverment House montaron una tribuna presidencial en el centro del jardín. Banderas de Kenia, colocadas en mástiles altos a los lados de la carretera –desde la ciudad hasta Kianda– indicaban por dónde iba a pasar la comitiva presidencial.

El jardín estaba lleno de gente que quería ayudar a la Escuela. El Presidente llegó en coche abierto, precedido de una larga fila de motoristas uniformados. Venían también con él ministros del Gobierno, en coches oficiales. Las alumnas de la Escuela Secundaria estaban sentadas frente a la tribuna.

Después de los discursos, Mr. Arap Moi descubrió la placa inaugural y le hicimos una presentación de libros. Uno de ellos era la obra de David Isaacs, *La educación de las virtudes humanas.*

Comenzó el *harambee* con la aportación, muy generosa, del Presidente, y la promesa de costear becas para algunas alumnas. Los ministros y muchos de los asistentes siguieron los pasos de Mr. Moi.

De los dos proyectos de los que el Fundador de la Obra había hablado a Olga en Roma en 1973, quedaba pendiente el centro cultural universitario, para el que se necesitaba un lugar cercano a la Universidad.

La Universidad de Nairobi, en la actualidad, está dividida en 4 zonas: La Central, Main Campus, cerca del centro de la ciudad y que aloja a la mayoría de las facultades de Humanidades y

Ciencias; Kabete, donde se encuentra la Facultad de Agricultura; Kenyatta College, en la que está la de Educación; y Kenyatta Medical Centre, que reúne a los alumnos de Medicina.

La mayoría de los alumnos procedentes de zonas alejadas de Nairobi se alojaban en residencias para universitarios situadas cerca de las distintas Facultades. A nosotras, nos interesaba conseguir un solar cerca del Main Campus, donde se impartían las clases de la mayor parte de los estudiantes. La puesta en marcha de este proyecto supuso meses de intenso trabajo y gestiones administrativas. Al final, el Gobierno cedió un terreno frente a las residencias universitarias femeninas. Se tardó bastante tiempo en conseguir el dinero necesario para construir Fanusi –así se llama el Centro Cultural–, pero lo más difícil, la donación del terreno, ya se había logrado.

Desde Fanusi, Kianda College, Kianda High School y Kibondeni School, se ha contribuido a elevar el nivel educativo de las mujeres keniatas, que ha dado pasos de gigante desde la independencia. Según el censo de población, en 1969, el 80% de las mujeres y el 66% de los hombres no tenían ninguna educación formal. En contraste, en 1982, el 92% de la población recibía Educación General Básica gratuita. Los puestos universitarios ascienden a 40.000 de los que un tercio está ocupado por mujeres[52].

El sucesor del Fundador del Opus Dei, Mons. Alvaro del Portillo, bendijo el oratorio de Fanusi durante su visita a Kenia en 1989. Aunque el jardín estaba sin plantar –pura tierra–, la casa estaba terminada, se había inaugurado la biblioteca y los cursos de Filosofía e Idiomas habían iniciado su andadura.

Casi treinta años antes, el 22 de abril de 1960, el Fundador del Opus Dei despidió en Roma a las primeras de la Obra que se iban a África; gracias a la oración e intercesión del Beato Josemaría sus palabras de entonces se han cumplido:

«Yo tengo la seguridad completa de vuestra victoria. Veréis que pronto habrá vocaciones abundantes, porque es

[52] «Kenia, la mujer entre la ley y la costumbre». María Elosegui. Enakunde, nº.8 (1992), Revista del Instituto Vasco de la Mujer.

voluntad del Señor que hagáis labor. Y después, ¡qué alegría! Pasarán unos cuantos años, seréis jóvenes físicamente aún –porque jóvenes espiritualmente lo seréis siempre– y os dará el Señor el consuelo de ver un fruto espléndido, que se ha hecho con vuestras manos.»

LOS MAASAI

A finales de los años 80, fue noticia en los periódicos locales la historia de un niño Maasai al que unos turistas americanos encontraron herido y desangrándose junto a un camino de polvo, cerca de Maasai-Mara. Los americanos llamaron a los servicios médicos de urgencia y acompañaron al pequeño en el autogiro de la Cruz Roja, hasta ingresarle en Nairobi Hospital; también pagaron sus gastos de hospitalización.

Tengo en la memoria la fotografía del pequeño Maasai, publicada por uno de los periódicos: apoyada en las almohadas muy blancas del mejor hospital del país, se veía una mancha de tinta china –es difícil hacer fotografías claras en este país de ébano–, con la cabeza vendada en todas las direcciones y una amplia y radiante sonrisa, conseguida sólo con la boca y uno de los ojos del pequeño, que era todo lo que las vendas dejaban a la vista.

No recuerdo el nombre del niño Maasai, pero sí la historia: tenía 12 años y estaba cuidando las reses de su padre, que pastaban tranquilas; el muchacho no se dio cuenta de que un grupo de leones se aproximaba hasta que vio a uno saltar sobre una de las vacas. Entonces corrió y, con todas sus fuerzas, clavó su lanza en el cuello del león, que soltó la presa y se alejó despacio, seguido de los otros. La vaca (todo fue tan rápido) estaba apenas arañada y siguió pastando; pero el pequeño, herido y sangrando, se quedó allí vigilando, por si los leones volvían.

El periodista europeo que hacía el reportaje, preguntó al muchacho:

—¿Y qué hubieras hecho si los leones hubieran vuelto? Estabas herido y solo.

El niño contestó:

—Hubiera clavado mi lanza en todos ellos hasta que hubiesen huido o me hubiesen matado: eran las vacas de mi padre.

La sonrisa del muchacho Maasai era de orgullo: de hijo que ha defendido lo que su padre le confió y que sabe, además, que las vacas son lo más valioso que tiene la familia y la tribu entera.

Los Maasai son tribu altiva; valor y fiereza son atributos suyos. Una visión de tiempos ya olvidados, de un mundo misterioso que tuvo sus raíces en tierras muy lejanas.

Se cree que unos 3.000 años antes de Cristo, este pueblo de raza negroide —nilótico-hamita— fue agricultor, de técnica muy rudimentaria, y que luego cambiaron sus formas de vida haciéndose pastores, nómadas y cazadores. Se movían a lo largo del Nilo, en las regiones que hoy llamamos Sudán. Cuando las tribus bantúes, agricultoras, están ya asentadas en Kenia —hace unos 2.000 años—, estos grupos nilóticos empiezan a moverse hacia el sur, penetrando unos en Etiopía y otros siguiendo el Nilo Blanco. Entran en Uganda, donde luchan por la tierra con los cusitas y los bantúes; y se asientan, definitivamente, en el Valle del Rift, de Kenia y Tanzania, y también alrededor de los montes Kenia, Aberdares y Kilimanjaro.

Las tribus limítrofes vivían aterrorizadas por los Maasai y su presencia en el interior del país hizo peligrosa la entrada de los primeros exploradores y mercaderes árabes. En las planicies del Monte Margarita y el Monte Longanot, los Maasai atacaron frecuentemente las primeras caravanas de esclavos, y había un viejo sendero desde Naivasha a Gilgil, usado por los árabes para transportar fortunas de marfil, que controlaban también los Maasai. En el lugar de Mbaruk, hace un siglo, los Maasai destruyeron una caravana entera de esclavos donde está ahora la entrada del Nakuru National Park.

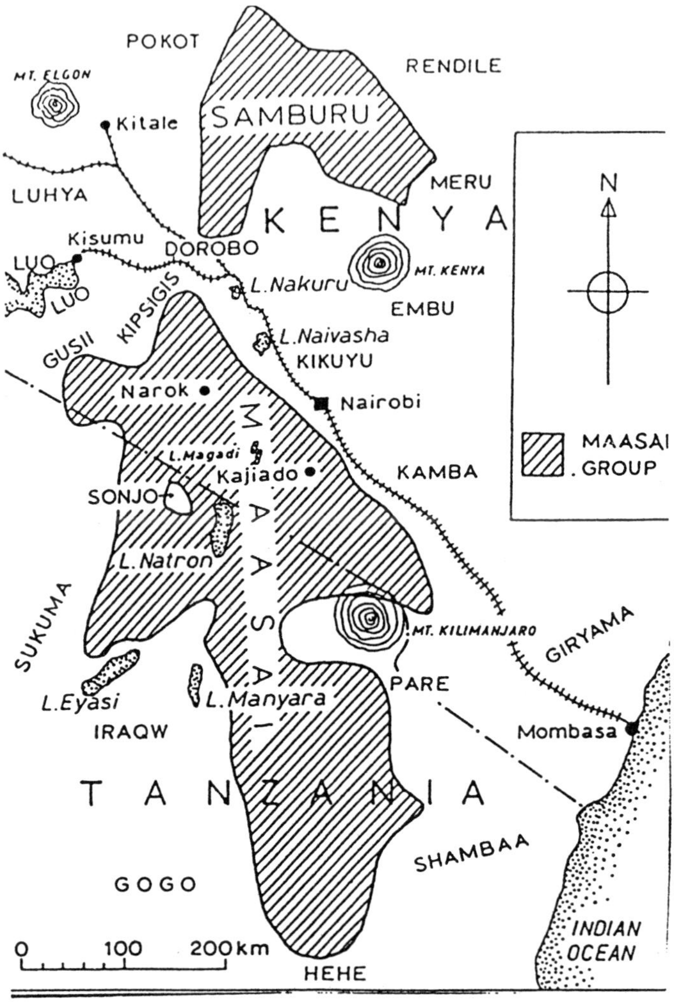

Territorio de los Maasai en el Rift Valley

He oído contar una batalla-emboscada en el desfiladero de Hell's Gate contra destacamentos alemanes en los tiempos de la dominación germana de Tanzania. Los Maasai fueron diezmando, silenciosamente, la retaguardia alemana; y terminaron la maniobra con un ataque frontal a la salida del desfiladero. Oí esta historia mientras marchaba por ese mismo desfiladero, lo que añadió interés y emoción a la caminata: me lo contaba una amiga Maasai.

Tuvieron los Maasai dos grandes jefes: Mbatiany y Nelion. Mbatiany murió en 1889, y sus dos hijos lucharon por sucederle. Lenana ganó en la lucha, pero pronto todo el territorio que rodea el Monte Kenia fue tomado por los ingleses. Después de un acuerdo escrito, firmado por Lenana, se adjudicó a la tribu un gran territorio, el Valle del Rift, que, desde entonces, se llama *Maasailand,* tierra de los Maasai. Era el año 1911.

La tribu entera, en aquel tiempo numerosísima, se puso en marcha hacia sus nuevas tierras; bajaron del norte, de las fronteras con Uganda y Etiopía, de la región semidesértica del este, de los alrededores de las montañas Aberdare. Toda la tribu moviéndose con sus ganados, sus mujeres, los niños y los viejos; todos en marcha, día tras día. Contemplado desde lo alto de los acantilados del Valle del Rift, debió de ser un espectáculo épico, un éxodo interminable, una migración gigantesca que confluía en el Rift Valley, la Gran Falla llena, en sus 70 kilómetros de anchura, por su nuevo pueblo que empieza a recorrerla hasta llegar a Tanzania, marchando entre una cortina alta y espesa de polvo que los ganados levantan al pisar la tierra seca.

Así se les sigue viendo hoy, cuando conducen sus vacas en busca de pastos, desde Narok, Ngong, Kajiado, Magadi, Namanga: la nube de polvo de los Maasai en movimiento.

Esta tribu depende de su ganado para alimentarse: comen su carne pocas veces –para hacer un sacrificio religioso o en otras ceremonias especiales–, pero se alimentan a diario de su leche y también de sangre y leche mezcladas, sin cocer. La sangre se saca de la yugular de los animales, mediante una pequeña herida de flecha que se tapona después.

El trabajo y el interés del Maasai está siempre centrado en sus rebaños y, como éstos están directamente relacionados con la hierba y la tierra, tierra y pastos son cosas sagradas, que merecen respeto.

Está por debajo de la dignidad del Maasai herir la tierra, cultivándola, y si lo hiciera, si cavara la tierra, por ejemplo, se consideraría su acción como criminal. Por eso no entierran a los muertos, a no ser en el caso de los recién nacidos o de personas de extrema importancia. La tierra pertenece sólo a Dios, *Enkai,* y ningún hombre, ninguna familia puede apropiársela. Dan culto a Dios con oraciones y sacrificios de animales.

El interés por los ganados les lleva a veces a forzar su derecho de posesión. He oído explicar a chicos Maasai que *Enkai* hizo las vacas para su tribu y que, por eso, es justo que ellos las roben de los otros poblados. Esto lo suelen hacer aprovechando las noches de luna llena, si sus vecinos Kikuyu o Kamba descuidan la vigilancia.

Tuve una amiga Kamba que se ofreció a enseñarme a tirar con el arco y las flechas; ella las había usado en la *shamba* (finca) de su padre, ayudando a sus hermanos a contener ataques Maasai.

Las aldeas Maasai se llaman *enkag*: un conjunto de 20 a 50 pequeñas chozas rodeadas de un seto suficientemente alto y ancho para que no puedan ser saltados, ni atravesados por animales peligrosos como leones, leopardos, hienas. Las chozas son bajas, no tienen la altura de un hombre, y están hechas con troncos y palos, cubiertos de barro y estiércol; no tienen ventanas, ni chimenea, y se ventilan sólo por el hueco de la entrada que, por las noches, se cubre con pieles de animales. Los *huts* son frescos durante el día, sin moscas ni mosquitos.

Para dormir, a los Maasai les basta con extender, sobre el suelo de tierra dura, pieles de las vacas o de los animales que cazan. El hogar se hace con tres rocas cogidas de las riberas de los ríos. Calabazas, grandes y pequeñas, y potes se usan para guisar y para guardar la leche o batir la mezcla de leche y sangre.

Hay otro tipo de aldeas, *las manyattas,* donde sólo viven los *morán* (guerreros), que merecen gran respeto a la tribu. En cada *manyatta* puede haber hasta 100 viviendas y el conjunto está abierto, sin valla de espino.

Después de la ceremonia solemne de la circuncisión, los jóvenes permanecen en su *manyatta* durante seis o siete años; son los guerreros, los defensores de la tribu. Con la ceremonia de la circuncisión se significa la entrada de cada hombre en la vida de la tribu. Cuando un chico cumple 14 años, deja a su familia y se marcha con los de su misma edad a un lugar escogido, y allí construyen su *manyatta*, donde vivirán solos aprendiendo las tradiciones de sus padres, las canciones y danzas de la tribu; y a luchar y a hacer la guerra; y a defender a su pueblo.

El gran sacerdote –*Loiboni*– es el que decide la fecha de cada ceremonia de circuncisión.

El coraje, el valor, las hazañas de caza, las aventuras con la fieras, la captura de reses pertenecientes a tribus vecinas y otros conflictos tribales son lo ordinario en la vida de los *morán*. Cuando uno de ellos, solo y con su lanza, mata a un león mientras guarda sus vacas, tiene derecho a decorarse con el trofeo espléndido de la melena del león.

La tribu Maasai es de un color más claro que los Bantú; y los guerreros se decoran frotándose la piel con un barro ocre; se hacen peinados laboriosos que consisten en largas y estrechas trenzas conseguidas después de unir hilos de lino a su propio pelo; las trenzas van ordenadas de distintas formas, con un grupo de ellas más corto que les cae sobre la frente. Esto unido a sus siluetas atléticas, lineales, rectas, hieráticas –sólo músculo: no hay una onza de grasa en un Maasai–, sugiere perfiles de figuras egipcias.

Otras tribus están copiando estos estilos de «peluquería maasai»; Europa también, entre su gente joven.

En cambio, las mujeres no buscan en su pelo la belleza propia de los guerreros; ellas se afeitan la cabeza completamente y la cuidan con aceites que la dejan brillante. Por otra parte, se decoran con muchos collares y largos pendientes con adornos de cuentas de colores sobre la frente y espirales de metal plateado en los antebrazos y tobillos. Por sus adornos, se sabe si una mujer Maasai es casada –también si está recién casada– o es soltera aún, virgen, a la que el hermano mayor buscará con quien casar.

En uno de los centros del Opus Dei en Nairobi se encuentra

un bajo relieve de La Virgen María, de facciones dulces y adornos Maasai de virgen y madre; lo adquirimos en las montañas Taita, de un joven artista, con mucha fe y fina sensibilidad.

La sociedad Maasai está marcada por la edad de sus distintos grupos. El *Loiboni* (gran sacerdote) llama cada 7 años aproximadamente a un grupo de jóvenes para el periodo de iniciación, y esto es lo que marca el movimiento de las distintas clases sociales; con ello, los *morán,* pasan a ser guerreros *senior* y se casan (lo que no podían hacer en sus años de iniciación); y los que eran guerreros *senior* pasan al grupo de los *elder* (viejos); y éstos al de los *senior elder* (senadores), que son los que tienen derecho a participar en las reuniones, decisiones y discusiones que siempre forman parte de la vida tribal.

Pregunté a unas alumnas de la Escuela de Secretariado:

—Entonces, ¿las mujeres nunca intervienen en el gobierno de las tribus? ¿Sólo hombres forman parte de las reuniones políticas?

—No, las mujeres nunca van a esas *barazas* (reuniones) —me contestaron—, pero los hombres, antes de tomar parte en esas reuniones, preguntan su opinión a las mujeres. Las mujeres siempre conocen lo que pasa; y piensan bien; y los elder tienen en cuenta su parecer.

Y todo el tiempo con los ganados: las cabras son atendidas por los muy jóvenes *—laioni—* y por las mujeres, porque se quedan cerca del poblado; los hombres se van lejos con las vacas y los bueyes. Pero un día entero atendiendo el ganado en la sabana es muy largo y, por eso, es corriente ver a los jóvenes guerreros practicando entre ellos su fuerza y el tino al tirar las pesadas lanzas. También les gusta hablar; si están solos, se acercan a los coches que pasan y se paran para que les hagan fotografías; también ayudan a cambiar un neumático.

Oí contar el caso de un misionero católico que relataba una de esas escenas: el coche del misionero estaba averiado allí, en medio de la semi-desértica sabana; el sacerdote intentaba arreglarlo como podía, con un sol ecuatorial encima de él, sin una nube en el cielo. Y se aproximó un Maasai diciendo:

—Soba, Soba, Mzee. (Saludos, Señor) —mientras miraba callado.

El sacerdote entabló con él una sintética conversación para romper el hielo:

—¿Vives lejos? —le preguntó.

El Maasai, sin inmutarse, le respondió:

—No: éstas son mis tierras.

Después de una gran pausa en silencio, el misionero volvió a interrogarle:

—¿Tienes vacas?

—Muchas —dijo lacónicamente su interlocutor.

Pausa larga.

—¿Tienes hijos y mujer?

—Muchos hijos y varias mujeres.

Otra pausa, menos larga, porque se están haciendo amigos.

—¿Crees en Dios?

—Sí.

—¿Y rezas?

—No.

—Deberías rezar a Dios —aconsejó el sacerdote.

Se interrumpe la conversación durante bastante tiempo porque el Maasai está pensando, y es ahora él quien interroga al sacerdote:

—¿Tú vives en tus tierras?

—No, mi país está muy lejos.

Pausa.

—¿Tienes muchas vacas?

—No, no tengo vacas.

—¿Tienes mujer e hijos?

—No, ya ves: soy sacerdote. Por eso no tengo ningún hijo, ni mujer.

Y el consejo final del Maasai, dicho en voz alta:

—*Mzee,* ¡tú sí que tienes que rezar!

Los africanos nativos —yo me considero africana de adopción— son, en muchas ocasiones, sorprendentes. Poco después de llegar a Nairobi, una amiga me contó que un grupo que volvía de Susua —el gran volcán con sus extrañas cuevas de murciélagos y *baboons*[53] – se cruzó con un Maasai que guardaba sus reses y que estaba leyendo a Hegel en alemán: les explicó que había hecho una licenciatura de Filosofía Pura en Colonia y que después había vuelto con los suyos.

Ya por los años 70 empezaban a aparecer universitarios de todas las tribus –también Maasai– que eran profesionales de la Medicina, Abogacía, Economía... El primer Ministro de Hacienda en el gobierno de Daniel Arap Moi fue Maasai.

Contrastes de África. Pero la estampa que acabo de pintar de los Maasai es actual: una raza con raíces muy lejanas, pero con vida plena, hoy.

Y cuando se va poniendo el sol en la sabana, en la tierra plana queda una luz difusa (azul-grisácea) que prolonga esta última hora del día africano; entonces las mujeres abren la cerca de espino para que los hombres, que vuelven con los ganados, los metan dentro: allí no podrá llegar el león por la noche, aunque huela de lejos a las vacas. Y luego, los hombres irán a sus *huts,* a la cena preparada por las mujeres; y contarán y escucharán lo que ha pasado a lo largo de ese día.

A veces, las mujeres reciben a los hombres cantando: cuando ha nacido un niño, cuando los guerreros vuelven con grandes trofeos de caza o vencedores de alguna revuelta tribal.

[53] Especie de monos.

LA FAMILIA AFRICANA

Hoy es sábado y al atardecer voy a visitar a Wanjiku, una amiga de la tribu Kikuyu, que hace poco ha tenido su quinto bebé.

Mi amiga trabaja como secretaria en una compañía y su marido es banquero. Ahora viven en una finca de varios acres de terreno en Karen, el mejor distrito residencial de Nairobi, antes zona exclusivamente europea. La casa de Wanjiku es europea también: alfombras árabes, suelos de caoba africana, cocina moderna, muebles ingleses en el salón; pero el recibimiento de hoy, su familia, y la tarde que paso con ellos son tradicionalmente africanos: sencillos, acogedores, alegres.

–*Karibu!* (¡Bienvenida!) –dice Wanjiku desde la puerta de su casa, cuando el vigilante me ha abierto la verja del jardín y el coche ha subido la avenida bordeada de árboles.

Me recibe con el bebé; me lo enseña y me deja que lo tenga un rato en brazos mientras me invita al bautizo en la Catedral y a la celebración en su casa. Hoy meriendo con la familia; hay refrescos en el salón, de grandes ventanales, con las Ngong Hills al fondo. Wanjiku trae de su cocina un bizcocho de gran diámetro.

–¿Crees que me ha salido bien? –pregunta–. Aprendí la

receta hace poco en la clase de cocina de Watani[54]. Perdona un momento –añade–, voy a llamar a los niños.

Llegan los críos, que me saludan dándome la mano; la que está aprendiendo a andar, también. Wangeci, la mayor, abre las botellas, y el mayor de los chicos, Mungai, me explica el dibujo en colores que han hecho entre todos para mí:

–Éste es el *ndege* (pájaro, avión) que te lleva, y éste es tu país: Inglaterra (todo blanco, en principio, viene de Inglaterra); y aquí he dibujado a tu madre.

Yo les agradezco el regalo. A Mungai le parece que falta algo en mi dibujo y me pregunta:

–¿Tienes abuela?

–No.

–Entonces, ¿dónde vas de vacaciones?

Los niños de zonas urbanas pasan sus vacaciones en el campo (*up country*)[55], generalmente, con sus abuelos paternos; y sus padres van también siempre que pueden a las zonas rurales de donde proceden y donde tienen su casa propia: *la casa permanente,* la llaman. Nairobi no tiene raíces; *up country,* sí.

No sé qué contestarle a Mungai sobre mis vacaciones, pero no importa porque sus ojos grandes, de pestañas rizadas, ya están embebidos en otro dibujo: la casa de su abuela y, al lado, la de sus padres.

Quiere pintar también el cafetal de la abuela, aunque dice que no le va a caber en la cuartilla si pinta el coche de su padre. El nombre cristiano de Mungai es Joseph. Su madre me explicó que después de nacer Wangeci, temieron no tener más hijos y le pidieron a Dios, por intercesión del Fundador de la Obra, un hijo varón, que al nacer fue bautizado con el nombre de pila de Mons. Escrivá.

En una furgoneta llega un buen grupo de mujeres de zona rural: son familiares, vecinas y amigas.

–Vienen de *itega* –dice Wanjiku– y se quedarán esta noche, hasta tarde.

---

[54] Centro del Opus Dei en Nairobi frecuentado por señoras casadas.

[55] Ver nota 32.

–*Itega* es una fiesta que se hace a la madre de un recién nacido, ¿verdad? –pregunto.

–Sí, también en las zonas urbanas conservamos esa costumbre: me traen cosechas de sus *shambas*, la abuela le dará nombre a mi hijo y cantaremos y bailaremos, es lo propio de la *itega.* Si yo hubiera estado en el campo, me traerían *porridge* de mijo, que alimenta mucho; y limpiarían mi casa y cultivarían mi *shamba,* hasta que me pusiera fuerte. También traerían ropa para el bebé; esto y el *porridge* de mijo me figuro que me lo habrán preparado hoy entre sus regalos.

Me quedé pensativa y admirada ante la solidaridad que existe en África. Me intrigó lo de la abuela y el nombre de los hijos y le pregunté interesada:

–Entonces, la abuela ¿da el nombre a los nietos?

–No exactamente –respondió Wanjiku–; cada tribu tiene un sistema en cuanto a los nombres. Los Kamba, por ejemplo, dan nombres que recuerdan algo que ocurrió en el tiempo del nacimiento. Como sabes, Mumbua quiere decir que nació durante las lluvias; Nduku significa que nació de noche. Nosotros, los Kikuyu, damos a los hijos los nombres de los abuelos, empezando por los abuelos paternos; este bebé mío se llamará como mi padre, porque es el segundo varón. Luego, en el bautismo, tendrá un nombre cristiano y, según nuestras tradiciones, la abuela dará al niño un nombre secreto que dirá al oído del *rukenge*, para que no lo sepa nadie, ni lo oiga el diablo. Así, Dios, que es el único que lo sabe todo, lo llamará para Él por ese nombre cuando se muera.

Rukenge es una palabra que significa algo infinitamente pequeño, inerme e indefenso. Me la explicaron cuando aprendí, por primera vez, un villancico Meru que tiene melodía de canción de cuna y se canta a media voz:

Koma ndukarire rukenge rwega.
Koma ndukarire, mwathani ngai
Nyukwa atindaga agiku memia.

Duerme, deja de llorar, buen niño.
Duerme, deja de llorar, señor, niño del cielo.
Tu buena madre te está meciendo.

Las mujeres que llegaron en la furgoneta han ido dejando sus regalos en la cocina y, después de saludar cortésmente, van a la cuna y se pasan al niño de brazo en brazo.

Veo que Wangeci, la mayor de las hijas de mi amiga, está ayudando a la pequeña Muthoni a atarse un muñeco a la espalda, como hacen las madres africanas con los hijos al salir de casa, para trabajar en el campo o ir de visita. Me explica la pequeña:

—Vamos a salir ahora a ver las vacas.

—¿Cuántos hijos quieres tener cuando te cases? —pregunto al verla tan atareada con sus muñecos.

—Muchos.

—Pero, ¿cuántos son muchos?, ¿seis o doce?

—Muchos.

Se me ha vuelto a olvidar: a los africanos no les gusta contar en alto personas, ni nada vivo.

En la parte baja de la finca hay establos, un cobertizo para las chotas, un corral para los terneros y otro para las vacas que van a tener crías.

—*Zero grazing*[56] —me explica Wanjiku—; se hace así últimamente: menos pienso, más leche, más fácil de atender. Además he dejado el trabajo de la oficina, para poder atender a mi familia y a la vez empezar con la granja; creo que es un negocio que tendrá futuro.

Las mujeres africanas son emprendedoras y buenas gestoras.

Las señoras que nos acompañan miran las reses y hacen comentarios; también comprueban la calidad de la tierra del jardín examinándola; como especialistas del campo, lo conocen y lo aprecian (tocan la tierra como si la acariciaran).

Volvemos en conversación animada hacia la casa y vemos llegar al marido de Wanjiku. Es un hombre alegre, hablador y señor de su casa; atiende a los hijos, que se abalanzan sobre él tan pronto como consigue colocar el coche en el garaje. Nos saluda y luego se sienta en el cuarto de estar mientras Wanjiku sale a prepararle una bebida fresca. Hablamos del bautizo y me pregunta:

—¿Te ha invitado mi mujer a la celebración? Será una fiesta

[56] Sistema que permite alimentar el ganado en los establos, sin tener que trasladarlo en busca de pastos.

africana: cabra, que mataré yo con mis amigos, y *mutura*[57]. La asaremos al fuego de carbón de leña y los hombres tendremos cerveza de Muranga que traerán de allí las mujeres.

Después de aquel agradable rato entre amigos, Wanjiku me llevó hasta casa. Al salir a la carretera que lleva a Lavington atropellamos a un ciervo que sale de improviso de entre los árboles. Bajamos del coche y comprobamos que está muerto; se aproxima el jardinero africano de una casa cercana y nos pide quedarse con el ciervo:

–Es para comerlo con mi familia –nos aclara.

Wanjiku dice que sí y seguimos el viaje.

Las costumbres de la familia africana que vive en la ciudad son algo distintas de las que se practican en regiones rurales; sin embargo, se trata de diferencias externas y circunstanciales, porque los keniatas son muy amantes de sus tradiciones; viven apegados a ellas también en las zonas urbanas. Me acuerdo de la convicción y la expresividad con que Waweru, un chófer de la Escuela que había luchado con el Mau-Mau, decía:

–Me gusta lo negro, me gusta lo mío.

De hecho, las tribus defendieron su independencia, tradiciones y costumbres durante los años de la colonización inglesa. En esa época los Kikuyu y los Kalenjín lucharon por la independencia de su territorio. Los Kamba no pudieron soportar que el comisario inglés cortase, para hacer el mástil de su bandera, el árbol más alto del lugar sagrado, Thembo de Kasinga. Los ingleses pagaron aquel atropello con la muerte a manos de los Kamba, expertos arqueros.

La familia africana sigue un sistema patriarcal: la persona más importante es el padre. Cuando los hijos crecen y se casan, se quedan a vivir con los padres; las hijas se van a vivir con la familia del marido.

Antes de casarse, el novio construye una casa para él y su esposa en el terreno de su padre y prepara una finca que ella

[57] Acompañamiento variado que se prepara para los asados de cabra.

cultivará para alimentar a la nueva familia. Al conjunto de casas, fincas, graneros y animales, los africanos le llaman *homestead*; la palabra no se traduce literalmente como casa solariega, sino que requiere una explicación; *homestead* es un solar común de varias familias: la de los padres y la de los hijos varones, la «casa familiar» que los africanos nombran tantas veces: su hogar, su raíz vital.

La poligamia figura aún en las costumbres tribales, en el derecho civil y en el musulmán, aplicados en Kenia. Sin embargo, algunas tribus –como los Kamba y los Kikuyu– apenas la practican. El hombre polígamo construye una casa sólo para él y otra para cada una de sus mujeres, que viven con sus propios hijos.

Para los africanos cada hijo es un gran bien y desean tener muchos: una familia numerosa es considerada una bendición de Dios. Los hijos varones son una necesidad para la familia africana porque la continuidad no puede desaparecer –«la cadena no debe romperse», es el dicho africano–. Esa continuidad se trasmite gracias a los hijos varones, que se quedan en el *homestead* con el padre. Los Kalenjín llaman al clan *oret* que significa «camino», la línea de continuidad por donde viene la vida. Las hijas son valiosas también y dejan la dote en la casa de sus padres.

Aludía Jomo Kenyatta a esa cadena continua de las tribus cuando en un discurso de los tiempos de la independencia decía:

«Los muertos, los vivos y los aún no nacidos reconstruirán los viejos santuarios.»

Santuarios que son para el africano las tradiciones, las plegarias en los lugares sagrados de cada tribu y la oración en los momentos de nacer, de la boda y de la muerte.

Los niños, muy deseados y amados, como hemos dicho, son la alegría de los padres y el bullicio en el *homestead*. Crecen junto a sus hermanos y primos, educados por la madre cuando son muy pequeños. Luego, a los varones, es el padre el que les enseña; están con los hombres y van a sus tertulias, por la noche, después de la cena. Los abuelos se encargan, en gran parte, de la educación de los niños y viven con ellos largas temporadas. Cuando las lluvias no llegan, o vienen de Arabia las plagas de langostas y hay ham-

Diagrama de un hut *africano.*

bre, son los niños y los viejos los mejor cuidados, porque son más débiles.

En sus juegos, los niños imitan a las personas mayores. Los chicos luchan con palos, escudos, arcos y flechas; hacen carreras de canoas cuando tienen cerca el mar, los ríos o los lagos; cortan ramas para hacer casas y buscan huevos de pájaro para la cena. Las niñas pretenden cocinar, modelan cacharros de barro, cuidan pequeños jardines y hacen muñecos de mazorcas de maíz. Pronto saben reconocer las hierbas comestibles y las venenosas.

Todas las tribus practican la circuncisión –a excepción de los Luo–; los jóvenes pasan en este momento a ser guerreros y adultos y se les instruye en la cultura tradicional: se les enseñan deberes y derechos, organización de la tribu; tabúes y costumbres; trato social y folklore.

Las tribus nómadas no cultivan la tierra: unos porque la consideran sagrada y cultivarla sería «herirla»; otros, porque la desprecian y llaman «pordioseras» a las tribus que la cultivan.

Los bantús y los nilóticos, que son los más numerosos, son, por el contrario, agrícolas. La agricultura es tradicionalmente familiar; la mujer trabaja la tierra simplemente con palos, cuchillos (*pangas*) o pequeñas azadas de hierro. No hay riego: se cuenta con la lluvia. Practican sistemas de rotación de cultivos para mejorar la tierra y plantan raíces como batatas y *cassavas*[58]: así se aseguran contra el hambre en caso de faltar las lluvias o ante una invasión de langostas. Otras cosechas importantes son: plátanos –de muchas clases–, habas, mijo, guisantes y caña de azúcar. Conocen una gran variedad de hojas verdes que llaman *sukuma*. Los Kamba trajeron de sus viajes a la costa mangos, guayaba y papaya.

Siendo ante todo agricultores, las familias están unidas a la tierra, a la que consideran más importantes que un simple medio de subsistencia o de riqueza; unen la tierra a su religión y a su total impulso de vida. Un hombre sin tierra es algo impensable aun ahora; el Gobierno da en propiedad, por un precio simbólico, parcelas de terreno a familias que se comprometan a cultivarlas.

---

[58] Tapioca.

Comprendí el rigor jurídico con que se lleva este principio, en un momento de trabajo: en Kianda School necesitábamos más terreno para campos de deporte de las alumnas. Nos pusimos al habla con el dueño del terreno colindante en la reserva africana, que se manifestó feliz de vendérnoslo porque decía que aquel terreno era malo y no daba nada a cambio del trabajo. Pues bien, cuando fuimos al jefe del distrito, para autorizar el documento, nos aseguró que aquel hombre no podía vender su terreno porque no tenía otro.

Buscamos, por el precio convenido, una finca fuera de Nairobi, y se encontró una especie de tierra prometida: finca con agua, con casa; con una *shamba* de maíz y patatas crecidas... y árboles frutales. Cuando llevamos allí al matrimonio que quería vender su tierra a Kianda para ver qué les parecía, la mujer se puso de rodillas, con las manos en la cabeza, ante aquella visión de algo que nunca había podido esperar que fuera suyo.

–*Mungu, mungu!* –decía, dando gracias a Dios.

Cuando empezaron a hacerse los campos de deporte, hubo que dinamitar mucho; bajo una capa delgada de tierra, todo era roca pura. ¡Y a aquel agricultor le habían apodado «el perezoso» porque no conseguía cosechas como los demás!

Cada tribu tiene platos típicos, en los que cereales y vegetales se combinan de formas determinadas en recipientes de barro, y se ponen a cocer al fuego encendido sobre tres piedras, bien dentro o fuera del *hut*. Si la madre tiene que ir a trabajar a la *shamba* suele dejar la comida al cuidado de la hija mayor; para calcular el tiempo de cocción, colocan un palo vertical en la tierra y, cuando la sombra del palo llega a una determinada inclinación, saben que ya es hora de retirar el guiso del fuego.

Típica en fiestas y celebraciones especiales es la cerveza africana, hecha con diversos cereales y frutas: mijo, caña de azúcar, miel, etc., que se dejan fermentar en recipientes cerrados bajo tierra; la preparan las mujeres de la casa. Sólo pueden beberla los adultos y no la gente joven. También es apreciado el tabaco; da dinero cultivarlo para venderlo. Lo usan en forma de rapé los hombres y las mujeres ancianas.

El modo de gobernar varía según las tribus, pero –exceptuando a los Maasai, en cuestiones de guerra y entrenamiento de sus guerreros– nunca fue estricto, ni individualista, sino colectivo y familiar; de servicio a su clan y a la tribu. Se da valor a la prudencia de los años y a la experiencia en el gobierno.

Los *homestead* (muy separados unos de otros, pero vecinos en cierto sentido) forman administrativamente lo que podríamos llamar un pueblo –aunque estrictamente no lo sea–; y varios de estos «pueblos» forman el distrito. Cada «pueblo» y cada distrito está gobernado por un consejo de *elders*. Los Luo, se gobiernan por un consejo de *elders* más un jefe, elegido entre ellos, el *ruoth*.

Las casas y las *shambas*, los establos y los graneros (distribuidos de diferente forma, según las tribus), están rodeados de una valla de espino que, en tiempos pasados, se construía como defensa y ahora es línea de demarcación. Se sustituye a veces por árboles, muros bajos o plantas.

Cuando el hombre se casa y tiene hijos, es un *junior elder*; después, será un *full* y un *senior elder*: categorías sociales con distintos trabajos y servicios. El paso de uno a otro rango se considera como una promoción y se celebra con los hombres de la misma edad en una fiesta.

Los *full elder* tienen tratamiento de «honorable», cambian su propio nombre por el de su padre y usan un determinado asiento y un manto de piel de animales. Los *senior elder* son de edad venerable, muy respetados por la comunidad, y se les tiene por hombres santos. Se les consulta en asuntos de importancia y en circunstancias especialmente difíciles. Ellos organizan las ceremonias en los lugares sagrados.

Kenyatta y Moi, los dos primeros presidentes de Kenia, llevan en las ceremonias solemnes de la universidad el manto de los *full elder*, confeccionado con pieles finas, curtidas como seda, de los monos *colobus*[59].

---

[59] Monos negros, de grandes mantos blancos –lo que hace valiosas sus pieles– y que viven generalmente en selvas de más de 3.500 metros de altitud y en árboles de altas copas. En ellos mueren si no encuentran suficiente alimento, pero no bajan a buscarlo a ras de tierra.

HATARI!

Hatari significa «peligro» en kiswahili, y aparece escrito en grandes letras rojas en los Parques Nacionales y en las reservas que se han dejado a los grandes animales, con sus paisajes y su habitat natural.

Cuando surgió la idea de la creación de estos parques –*Game Parks*–, se encontró con la oposición de exploradores, agricultores y cazadores; pero Jomo Kenyatta vio en ello una idea de gran futuro:

«Los recursos naturales de este país –escribió–, su fama que ofrece tanta atracción a los hombres del mundo entero, los bellos lugares en que viven estos animales, las poderosas selvas que guardan los sitios de nacimiento de las aguas –tan importantes para la supervivencia de hombres y bestias– son una herencia sin precio para el futuro.»

En 1946 se inauguraba el primer Parque Nacional.

En Kenia se vive con la naturaleza; forma parte de lo que se piensa, de lo que se hace, de lo que se quiere. Se vive con ella: con el sol, que está más cerca que en Europa; con la luna, que está al revés; con el horizonte corto, donde se tocan cielo y tierra antes de tiempo; con las estrellas grandes como naranjas; y con el cielo –de noche y de día– en forma de bóveda. Todo esto sorprende, al principio, porque ahora estamos en el ecuador y así son las cosas. La naturaleza será algo vivo, con la que se cuenta cada día, a la que no difumina el resto de las cosas que ocurren: la luz que a veces aturde, y otras, da colores vivos, ricos y delicados. A 2.000 metros de altura, en Nairobi, el aire es fino, sin peso, y más aún en Tigoni, donde viví a temporadas; las noches allí son frías, sosegadas, con aquel pájaro que cantaba con tres notas que me enseñaron a interpretar:

«*Let me in, Let me in, Let me in*»[60].

Es un pájaro que no hace nido y pide que le dejen entrar en el nido de otros.

Todo esto se nos da como un gran regalo diario y no nos acostumbramos. Como tampoco nos habituamos a los grandes paisajes: a las montañas formadas con las rocas más antiguas de la tierra entera; y a la sabana abierta –sin historia escrita–, muda, pero en la que anduvo el primer hombre: allí nació, cazó y murió. Tierras todas que siguen así, como el primer día, intocadas, límpidas, recién salidas de la mano de Dios que las creó: «al principio, creó Dios el cielo y la tierra... Y vio Dios que era bueno». El texto bíblico parece que se está escuchando cuando se mira África.

Pues dentro de esta naturaleza, están los animales, entre ellos, los que llaman «*the big five*»[61]: jirafas, búfalos, leones, elefantes y rinocerontes. Todos forman parte del paisaje, de los sonidos, del alma de África que sin ellos no sería la misma, no tendría ese carácter fuerte y valiente formado por sus tierras sembradas de animales.

Cuando llegan las lluvias, Kenia se convierte en un gran parque de antílopes: los grandes *waterbucks* y el ñu; los diminutos *dick dick*; el *eland* de pesados cuernos y 1,80 metros de altura hasta la cruz; las gacelas *thomson,* de bellísimo colorido; y los pequeños grupos de impalas, rebaños alados con su macho cornado; admirable lo grácil de su salto y de su carrera, y los ojos de almendra siempre alerta.

Una mañana me metí entre el arbolado porque quería encon-

[60] «Déjame entrar.»

[61] Los cinco grandes por su tamaño.

trar el principio del río Mbagathi, que nace en las Ngong Hills, y una gacela que dormía allí, en lo húmedo, antes de verme ya me había oído; se levantó y desapareció sin ruido, con una velocidad de instantes. No seguí: lo mío era un capricho y aquellos ciervos, que parecen siempre asustados, siempre con miedo, tenían derecho a descansar junto a la hierba húmeda del Mbagathi.

Cuando salí de la maleza y le conté a Winie el susto de la gacela, me explicó:

–Los ciervos duermen con los ojos abiertos y corren a toda velocidad a la menor señal de peligro.

Winie Chepkoetch corrió una vez, en la isla del lago Nivasha[62], detrás de una pequeña gacela; se acercó tanto a ella que la hubiera podido cazar, pero estaba sólo practicando el deporte de su tribu Kalenjín, la tribu de los pies que vuelan. No sé que era más bello de ver, si los movimientos elásticos de la gacela o la velocidad de la carrera de Winie.

Entretenerse en un Game Park es siempre asistir a lecciones magistrales de la naturaleza. Por ejemplo, ver cómo una pareja de avestruces se colocan a ambos lados de la línea de sus polluelos –que suelen ser muchos– y avanzan así, no en fila, sino en perfecta línea horizontal: la familia entera, con los hijos bien protegidos en el centro.

–Y yo he visto –me dice Nduku– a una pata salvaje fingir que tenía un ala rota, para que fuera a ella y no a sus crías a quien siguiera la hiena. Cuando pasó el peligro, volvió a nadar normalmente.

–Y las hembras impala y las gacelas –me cuenta Wangoi– danzan alrededor de sus cervatillos pequeños, saltando de alegría.

A veces la lección magistral es tragedia heroica que sólo el Game Park presencia: una vez vi a una leona acechando a un avestruz hembra que estaba –sin macho– con sus polluelos, ya grandes. El avestruz no se dio cuenta de lo que pasaba hasta que

---

[62] Se llama *Crescent Island;* en ella vivió Joy Adamson, autora de varios libros, entre ellos *Born Free* (*Nacida libre*), que fue llevada al cine y rodada en esta isla. Cuando yo la visité, se podían ver todavía los carteles usados durante el rodaje: «Cuidado con los leones», decían.

el viento debió de avisarle. Entonces, se volvió contra sus polluelos, los picó hasta que huyeron en todas direcciones, y después ella, despacio, se fue en dirección a la leona.

Los animales de la selva y la sabana suelen ser gregarios, pero también hay animales solitarios como el rinoceronte, solo, miope, enorme, feo y fiero; como una roca gris, deforme, parece dentro de una armadura.

Cuca me cuenta esta historia:

–Una noche, durante un viaje, me asomé a la ventana porque oía unos golpes y resoplidos muy fuertes: eran dos rinocerontes que luchaban entre los arbustos. Aparte, una hembra, parada como un peñasco, a la luz de la luna, esperaba el resultado de la pelea. Se oyó el último resoplido; una de las sombras pétreas desapareció entre los arbustos y el vencedor se dirigió a donde esperaba la hembra; se puso delante y la «rino» le siguió hacia el bosque cercano, a lo largo del claro que iluminaba la luna.

Si tuviera que decir qué animal africano es mi favorito, sin dudar diría que el guepardo *(chita)*. Me parece el animal más bello y es el más veloz en la carrera –ahí está su defensa–: alcanza una velocidad de 120 km por hora y sostiene esa velocidad durante mucho tiempo. Tiene una piel suave, dorada, con motas negras y una líneas negras bajando de los ojos que le dan mucha gracia. La creación jugó con esas líneas negras en las pieles de otros muchos animales y de algunas flores. Y donde están dan alegría, quitan drama a la vida del cosmos. He visto peces rojos, en forma de ánfora, con una raya negra en el centro y un penacho negro, como una moña; y ciervos de color oro, con la punta del rabo negra, como si fuese el centro de una diana; y tigres indios, a rayas; y también flores lilas y blancas con un volante de crespón negro, rematando sus pétalos.

Me explica el *askari* (vigilante) de la reserva donde vi el primero y último guepardo de mi vida:

–La *chita* tiene que cazar sola y traer la caza donde están sus cachorros y, mientras lo hace, tiene que dejarlos solos; por eso, los cambia con frecuencia de sitio; los esconde constantemente de los chacales y las hienas; aun así pocos sobreviven. Es difícil encontrar *chitas* en la reserva.

Estoy recordando ahora una tarde. Ya nos volvíamos a casa, cuando descubrimos, por casualidad, una familia de leones en pleno entrenamiento de caza. Había un león, una leona y cinco cachorros grandes, muy separados, alrededor de un rebaño de antílopes. Cuando el viento les llevó el olor del león, los antílopes, nerviosos, empezaron a correr; en cualquier dirección que tomaran, se encontraban un león que se levantaba de la alta hierba. Entonces, el antílope giraba y corría a toda velocidad en dirección opuesta, donde volvía a encontrarse con otro león. Me han explicado que ésta era la táctica de Epaminondas, la llamada «táctica envolvente» de los peltastas griegos.

Los leones estuvieron mucho tiempo así, cansando y observando a los ciervos –los animales grandes no tienen prisa– y fue la leona la que saltó sobre uno de los antílopes más jóvenes matándole en unos minutos. Los cachorros esperaron a distancia a que el león comiera primero; la leona comerá después de los cachorros. Así lo hacen siempre. Hay bastante para todos y el león no volverá a matar hasta que tenga hambre.

Después de los viajes de trabajo cercanos a algún Game Park, solíamos volver a casa con historias y anécdotas para contar:

–Kibera salió del coche.

–Fue sólo para separar las piedras más grandes y que el coche no sufriera.

–Pero había leones al lado.

–Estaban tranquilos, la prueba es que ni se movieron.

Otras veces, se le toma el pelo a alguien:

–Un mono le quitó el sandwich de la mano a Adwige cuando iba a comérselo.

–A Wangeci le rozó los pies un águila porque tenía las uñas pintadas de rojo; seguro que pensó que eran carne cruda.

Al terminar el curso en Kibondeni con las mejores calificaciones del país, decidimos celebrarlo con una excursión a Narok en el Maasai-Mara.

Desde Nairobi a Narok hay unos 200 km de buena-regular carretera. Subimos por los cafetales y las plantaciones de té, pasamos por nuestra casa de Tigoni y seguimos ascendiendo el Escarpment. Enfrente está el volcán extinguido de Longanot. Seguimos hasta Kijabe y, desde allí, empezó el descenso hasta la hondonada del Rift. Aquí, están las tierras tórridas donde han construido la gran estación que controla a un satélite de comunicaciones; en esta inmensidad, parece sólo un punto blanco.

De Kijabe fuimos a Narok, ciudad pequeña al pie del Mau y cerca de las colinas ricas en grano de Loita Plains, el granero de Kenia. Desde aquí hasta el Mara sólo había senderos de animales, pero nos aseguraron en Nairobi que la nueva carretera ya estaba terminada. Encontramos, efectivamente, un trazado claro de carretera, pero pavimentada de piedras pequeñas, duras y afiladas. El primer coche tuvo un reventón de dos neumáticos a la ida. Y el otro coche, los mismos a la vuelta.

Cruzamos el río Ewaso Ngiro y llegamos al Maasai-Mara.

Esta gran reserva del Maasai-Mara está sola, es inacabable y es única, porque ofrece el espectáculo exclusivo de las grandes migraciones de animales que una vez al año llegan a estas tierras de hierba verde, a toda carrera y medio extenuados, desde Serengueti Plains, en Tanzania, a cientos de kilómetros.

El Parque tiene un pequeño campo de aterrizaje de avionetas que traen a los turistas desde Nairobi (con razón, pensamos después de la experiencia de la carretera). Las avionetas aterrizan sin que se muevan los ciervos que están pastando alrededor. La escena me hizo recordar unas postales que acababan de aparecer: en ellas, detrás de dos enormes siluetas de rinocerontes, se ven los rascacielos de Nairobi: así de cerca están el mundo de la técnica actual y los leones que llevan dos mil años cazando en estas tierras, o los cocodrilos que desde hace cuatro mil años siguen calentándose bajo este mismo sol.

De aquel día en el Mara lo que me impresionó fue *la cantidad:* el campo estaba oscuro del ingente número de familias de animales que pacían juntos: cientos de miles de cebras, de antílopes, de ñus.

—¿Por qué hay tantos? —pregunto al *askari*—, ¿es siempre así?

—Es el tiempo de las migraciones; los animales están llegando. Se quedan unos meses pastando aquí y luego emigran otra vez.

—¿Se mueren muchos durante las migraciones?

—Los débiles a veces se quedan por el camino. Las hienas, los chacales, los buitres y todos los carroñeros los siguen, aprovechando que algunos animales nacen mientras sus madres corren, o que algunos enfermos se agotan.

Aquella mañana, habíamos visto llegar en avalancha una invasión negra, compacta y poderosa de ñus. Iban en carrera loca, hacia los campos verdes, recién regados por las lluvias que acababan de empezar en abril y seguirían cayendo, noche tras noche, hasta septiembre.

Salimos de los coches para admirar aquello; no había peligro pues los animales estaban todavía lejos. Y sentimos que la tierra temblaba según corrían, de modo semejante a como se la siente temblar en un terremoto. Y seguían llegando y buscando su sitio, siempre corriendo.

—Los ñus —nos dijo el *askari* por la tarde— suelen morir en grandes cantidades cada 7 años; aparecen estos ciclos más o menos regularmente, pero se reproducen con gran fuerza y su número aumenta de forma increíble durante esos 7 años. Últimamente, la epidemia de mortandad no se ha dado en 9 años; los que están llegando al Mara en estas lluvias, sobrepasan los dos millones. Por eso vemos ahora este espectáculo impresionante; llenan los espacios abiertos de las reservas y no tienen suficientes pastos.

—Al llegar —le digo al *askari*— vimos un grupo pequeño y uno de ellos daba vueltas y vueltas, como si estuviera loco.

—Hacen eso antes de morirse; es su última carrera —me responde el guarda—. Los ñus pasan la vida corriendo, como los han visto llegar. Un día, de pronto, se irán; no como los otros animales, que emigran sólo cuando huelen el agua en otro sitio. Ellos cambian de rumbo sin que se sepa el porqué.

Por la noche, hacemos fuego para preparar la cena a la luz de la luna llena, que hace sombras donde no platea todo el paisaje.

Nos levantamos con el sol, no hay casi alba porque el sol sale de repente. Vamos a oír misa, es domingo; en aquella planicie del Mara, bajo un cobertizo de paja y sobre una mesa de altar con manteles blanquísimos, un sacerdote africano celebra para tres o cuatro docenas de Maasai y para nosotras.

Nos quedan sólo unas horas en la reserva. Cada una tiene cosas distintas que hacer —algunas están buscando la sartén de la cena, que se llevaron las hienas porque quedó con algo de aceite— y yo cojo un libro y me voy a leer en paz, debajo de los árboles.

Sin que me haya percatado de nada, al poco rato, tengo a mi lado a una mona con su hijo muy pequeño. Yo sigo leyendo, y la mona mirando el libro y mirándome a mí durante un rato, hasta que la cría, que ha estado durmiendo, abre los ojos y me ve. El grito de espanto que sigue y los chillidos continuados no tienen fin, y la mona, acariciando la cabeza de su hijo, desaparece como había venido, en un relámpago de tiempo y sin un susurro.

Acabé mi lectura y, mientras metíamos las cosas en el coche, les conté lo corto de mi encuentro. No tuve éxito:

—Es loco sentarse debajo de los árboles —dijo Margaret.

—Y menos sin mirar primero qué pasa por las copas y las ramas; podían haber sido víboras —añadió Marilyn.

—O leopardos —musitó Wairimu, que se asusta mucho.

—O arañas venenosas —terminó Franky.

Aquel día aprendí lo peligroso que puede ser en África sentarse al pie de un árbol, y más si ese árbol está en el Maasai-Mara.

A 2.000 METROS DE ALTURA

Kimlea está a unos 30 km de Nairobi y a unos 300 metros más de altitud que la capital; es una finca extensa sobre una cumbre con laderas que bajan suaves y verdes, con cafetales, hasta el valle Kikuyu.

–¿Te vienes a Kimlea con nosotras? –me pregunta Cris Ocaña mientras acaba de colocar en la furgoneta los fardos, cajas, bidones y aperos de labranza que son la compra grande del mes.

–Esperadme un segundo, que digo adiós al Señor en el oratorio –contesto.

Cris era estudiante de arquitectura cuando llegó a Kenia. Suelo ir a trabajar con ella los fines de semana, y hoy aprovechando sus compras, me ha venido a recoger a Glenview. Irene me hace sitio en la furgoneta –el *matatu*– y nos sentamos las tres delante. Irene reza a los ángeles custodios para que tengamos buen viaje.

Cuando se dobla una curva pronunciada, después de Banana Hill –única aldeílla desde Nairobi hasta nuestra casa–, cambia el clima, que se hace fresco, frío más bien; el aire está lleno de oxígeno y se empiezan a ver granjas y vacas: no las de los Maasai, esqueléticas y mascando cardos. Éstas son de razas holandesas e inglesas, y viven felices en Limuru, con pasto jugoso y abundante el año entero.

—¿Sabes que esta semana hubo huelga de trabajadores en todas las granjas de Limuru? —me pregunta Cris.

—¿Y aún sigue? —digo interesándome por el tema.

—No, ya verás: al anochecer del primer día de huelga, todas las colinas eran un puro mugido; nadie ordeñaba las vacas, que mugían de dolor. No pudieron sufrirlo los trabajadores; se levantaron de sus cenas en familia y fueron a recoger las vacas; se acabaron la huelga y los mugidos.

La carretera que seguimos sube continuamente; ahora se ve gente trabajando en el campo y el tráfico casi desaparece; sólo de vez en cuando, baja haciendo mil ruidos el coche de sexta mano de un granjero. Cuando lo vemos, solemos decir *un tuerto,* porque casi siempre tienen un agujero negro donde hubo un faro.

Sorteamos los socavones que han hecho las lluvias en la carretera y, después de una Escuela Elemental de Agricultores, a la izquierda, está nuestra finca, Kimlea Training Centre, tras un seto alto y bien cortado. Empujamos la verja de entrada, llegamos a la casa y, al vernos, se levanta un coro de bienvenidas, porque a las alumnas les gustan los *visitors*[63] y esperan que esta noche, cuando se termine el trabajo y nos reunamos junto a la chimenea, les contemos cosas de Nairobi.

Mientras nos saludan, van dando a Cris las noticias del día:

—Han venido Kalondu —anuncia Lucy Kina— y otra enfermera del hospital; quieren que empecemos allí una clase de catecismo para el grupo que acaba de enrolarse.

—La directora de la Escuela de Hostelería vecina te espera a cenar mañana —dice Nabangui.

—Las tres hijas Luo del dueño de la granja de pollos —termina Sabina— querían hablar contigo sobre el curso de preparación para el bautismo.

El trabajo apostólico de las mujeres del Opus Dei en Kimlea se inició despacio y con dificultad, porque la población rural de Limuru está muy diseminada y tiene escasos recursos económicos. Aprender les interesaba y las clases eran gratuitas, pero no tenían dinero ni para el billete de autobús.

---

[63] Visitas, visitantes.

La necesidad de elevar la cultura humana y de dar a conocer la fe cristiana a las mujeres y chicas jóvenes de la zona era evidente, y desde Kimlea se empezaron los fines de semana clases de doctrina cristiana, matemáticas e inglés, y se preparó una biblioteca para que las chicas pudieran venir a estudiar; todo esto era una ayuda para las familias, que no tenían dinero para comprar libros de texto a los hijos, ni sitio adecuado para estudiar en sus *huts*.

Desde Kimlea comenzaron también a enseñar Ciencias Domésticas en las escuelas de los alrededores, y éstas consiguieron los mejores resultados en los exámenes finales: ahora colaboramos en ocho escuelas en los distritos de Limuru y Kiambú.

Alrededor de la chimenea, descansamos y charlamos por la noche, mientras asamos mazorcas de maíz tierno.

–¿Cómo van las clases de catecismo? –pregunto.

–Van *motorizadas* –contesta Celline–; llenamos el *matatu* todas las tardes y nos repartimos las escuelas: el lunes le toca a Karuri y Muchaza; los martes a Kiambaa y Thimbigwa... Atendemos a centenares de niños; cada escuela tiene unos mil alumnos. Nos piden estampas para la devoción privada del Fundador del Opus Dei, a las que llaman *Yosemaría*; el otro día una de mis alumnas me pidió: dos *Yosemarías*, para su madre y para su abuela. Le tienen devoción.

–Y ¿quién atiende a las mujeres de los alrededores? –vuelvo a preguntar.

–Las expertas en Kikuyu –contesta Akingi–; las «Mamas» no saben inglés; este año les hemos enseñado diez formas distintas de preparar platos con maíz y alubias. Y también cómo hacer pan y hasta bizcochos en sus *jikos*[64].

–¿Es posible? –digo asombrada.

–Sí –explica Rosemary, que es la profesora– ensayamos nosotras primero: sobre la tapadera de la *sufuría* (recipiente de aluminio) se colocan carbones encendidos. Funciona, si se calcula bien el carbón necesario encima y debajo de la *sufuría*.

–Algunas –apunta Nkirote– han empezado a vender cosas

[64] Hornillo de carbón vegetal.

de las que hacemos en clase: bollos, rosquillas... Con eso, ganan en pocas horas más que una semana recolectando té de sol a sol.

—Y la madre de Macharia —dice Mbugwa— compró, a plazos, una máquina de hacer punto. Le hemos enseñado a manejarla. Ahora va a mandar a la escuela secundaria a dos de sus hijas mayores.

—Lo mejor —dice Willemina— es que varias mujeres han comentado que, desde que aprendieron cocina en Kimlea, los maridos no se van a comer a las *dukas*[65]; se quedan en casa.

Kenia es un país joven, lleno de vitalidad; y me gusta venir a Kimlea, porque está especialmente llena de optimismo. Aquí, todo mejora siempre. Cuando se adquirió la finca, las pioneras atendían solo la llamada *The Old House;* luego se ocuparon también del cuidado doméstico del edificio nuevo, Tigoni, y de la casa de campo. Ahora hay más trabajo aún: hay literas en varios dormitorios y las muchachas jóvenes, cuando no caben en el Pabellón, plantan tiendas en el jardín. Kimlea siempre puede con todo: con todos los edificios ocupados, los doce meses del año, por grupos de hombres y mujeres que se suceden sin interrupción, en actividades culturales y de formación cristiana.

Cuando pasaron los años y fue aumentando el número de chicas de la Obra en Kimlea, les dio tiempo de empezar a pensar en la finca. Cada una, con su iniciativa, hizo sugerencias, y la conclusión fue un conato de «agricultura familiar africana». A fin de mes, los ingresos de esta pequeña finca se reflejaban en los libros de contabilidad: se conseguía ahorrar y mejorar la calidad de los menús: los tomates, calabacines, espinacas, coliflores, iban de la huerta a la olla. Y esto lo notaban los comensales.

Recuerdo los ojos de asombro de una señora suiza —que nos visitaba para tratar de una posible subvención— al ver que alguien salía deprisa de la cocina al patio adyacente, cogía unos limones

[65] Tienda de los lugares pequeños, donde se vende todo tipo de mercancía; también comidas preparadas.

de uno de los árboles, los cortaba en rodajas y los pasaba al comedor con las fuentes de pescado.

Cada una hizo por la granja lo que pudo: se instalaron colmenas, se criaban conejos, ¡se exportaban aguacates!

Resultó que había un gran árbol en la finca que daba estos aguacates. Alguien robaba unos cuantos en cada cosecha, pero no importaba mucho, porque el árbol tenía miles de frutos y a los africanos no les gustan; más bien les disgustan. Pensábamos que no estaba mal que alguien se beneficiara del árbol; hasta que un día, enseñando la finca a un matrimonio americano, el marido se paró frente al árbol y comentó:

–¡Magnífico ejemplar! Les producirá buenos ingresos.

–Aquí a nadie le gustan los aguacates.

–Pero –siguió diciendo el señor– pueden exportarlos.

Y nos dio la dirección de una compañía exportadora, que desde entonces llega anualmente con cajas de cartón, divididas en departamentos para cada fruto; se lleva unos miles de aguacates y deja un cheque.

A los pocos días, en Kimlea, se plantaron doce árboles más de la misma especie; a los cinco años daban fruto. Y aumentaban los ingresos de la exportación.

Cuento estos *pinitos* agrícolas de las habitantes de Kimlea como antecedentes de mi trabajo en aquel fin de semana: estudiar la ubicación y posible extensión de una futura Escuela de Agricultura. Por eso, la última pregunta de aquel rato de tertulia junto a la chimenea, asando maíz, fue:

–¿Y quién de vosotras sabe más de agricultura? ¿Quién empezó todo lo que habéis hecho hasta ahora?

–La verdad es –dijo Evelyn– que todo lo empezaron las abejas de la *Old House*. Las abejas se metían entre las tejas y, de vez en cuando, el techo del segundo piso empezaba, literalmente, a destilar miel. Llamábamos a los vecinos de la Escuela Agraria, fumigaban y se llevaban, merecidamente, unos kilos de miel; y a esperar unos meses a que el techo volviese a destilar y a que se nos pusieran los ojos hinchados cuando las abejas nos picaban.

Por fin, llamamos a un experto en abejas y éste fue su dictamen:

«Este terreno es como un *paraíso* para las abejas; miren la cantidad de flores que tienen ustedes en los jardines, y las que se dan en todo el valle. Hay aquí una inmensa variedad de flores y la miel que estas abejas fabrican debe ser exquisita, de exportación si quisieran. Hagan lo que hagan, las abejas siempre volverán al mismo lugar.»

Entonces, empezamos a montar colmenas lejos de los edificios, y las abejas cambiaron su rumbo: y hubo paz, y miel de exportación en los desayunos de Kimlea.

Así marchaban las cosas y veíamos cómo, sin casi saber, se nos estaba viniendo a las manos una labor social que adquiría más y más volumen cada año. Desde aquel fin de semana en Limuru, comenzamos Ngumbaru, una escuela de sábados y domingos, donde las mujeres de los alrededores aprenden a leer y escribir *Kizungu*[66], y también costura e higiene.

La mujer africana tiene una vida de mucho trabajo, pero es aún mayor en el caso de la mujer de la zona rural: aquí, ella cultiva su trozo de tierra con la *panga,* plantando todo lo que necesita la familia; acarrea agua, a veces desde largas distancias; cocina usando ramas secas que recoge en el campo; educa y cría a sus hijos, atiende a la casa; y tiene que conseguir algún trabajo que sirva de suplemento a lo que gana su marido. Ese trabajo era, en Limuru, recolectar té o café: trabajo largo en horas y mal remunerado.

En aquellos momentos, Kimlea estaba llegando a unas 600 familias, distribuidas en un amplio radio de 20 km que abarcaba ya dos distritos. La acción era sólo capilar, pero, considerando que la familia media africana está formada por ocho miembros, se llegaba a 4.500 personas que, de alguna manera, estaban beneficiándose de las clases que impartíamos.

Además, Kimlea se hizo más popular en los alrededores después de las promociones rurales. Estudiantes canadienses, alemanas, españolas e italianas, que frecuentaban centros del Opus Dei en sus respectivos países, ayudaron a escuelas de Limuru y Kiambú durante los meses de verano. Estas universitarias traían material escolar y didáctico para los niños, mapas y láminas, equipos

---

[66] Intentando significar «la lengua de los blancos».

de primeros auxilios, piezas de tela y hasta alguna máquina de coser. También fregaban, revocaban con cemento las paredes de las escuelas y las pintaban.

En Kenia, la primera enseñanza es gratuita, pero no la secundaria; y un 95% de niños aprobados no pueden continuar por falta de medios económicos. Calculamos que, de las 1.000 niñas que terminan anualmente la educación primaria en las 12 escuelas de alrededor de Kimlea, sólo 50 podrán continuar estudios.

De aquí surgió la idea de comenzar una Escuela de Agricultura para chicas de las áreas limítrofes, para darles una preparación con la que podrían encontrar puestos de trabajo, sin sacarlas de su ambiente familiar. Además deseábamos elevar su nivel de vida con cursos complementarios de cocina, lavandería, higiene, nutrición, corte y confección.

De nuevo conseguimos una subvención de los países más ricos, y hoy podemos plasmar en papel el lugar y la amplitud de las aulas y estudios; aulas con las paredes cubiertas de estanterías que en mi imaginación veo cómo se irán llenando de libros. ¡Un libro para cada alumna! ¡Un pupitre para cada alumna! Increíble será esta Escuela de Limuru.

Pienso que a veces la providencia de Dios hasta se nos *adelanta;* todavía no tenemos quién dirija la escuela y, al solicitar entrar en la Universidad, a dos chicas jóvenes de la Obra les ofrecen plaza en la Facultad de Agricultura. La carrera durará tres años, justo el tiempo necesario para conseguir la subvención y poder construir la Escuela.

No olvidará Kimlea, en su Escuela de Agricultura, a la población adulta. La mujer que ha sido y es en Kenia la espina dorsal de la economía, la mujer en el medio rural, necesita seguir trabajando su finca familiar, pero con métodos actualizados. Además, sin desatender a su marido y a sus hijos, puede aumentar los ingresos económicos con pequeñas industrias familiares más productivas que si se desplazase a millas de distancia de su hogar a recolectar té o café.

Se me terminó el fin de semana. El lunes por la mañana, muy temprano, vuelvo a Nairobi. Los granjeros y las vacas no están aún en los campos cubiertos de rocío y bruma mañanera. A los lados de la carretera, sólo un poco más altos que la hierba, regueros de chiquillos corren descalzos. Llevan un cuaderno debajo del brazo y un lapicero, bien apretado, en la mano: van a la escuela riendo.

Hoy, tres años después de volver de África, me llega a España una carta de Nairobi; ocho sellos de mariposas azules, naranjas y amarillas, y dentro del sobre una cuartilla en la que, en unas líneas, diez o doce personas me felicitan por *mi birthday*; la acompañan dos fotografías: la primera es de un estupendo edificio de tres plantas; en la otra fotografía, una fila apretada de chicas jóvenes —con los zapatos en la mano para no estropearlos— suben el sendero de entrada a la finca.

Comienza otra escuela, otra magnífica labor social: Kimlea Technical Training Centre.

NUESTRA SEÑORA DEL MONTE KENIA

Las cuarenta niñas pequeñas con las que se ha empezado la Primaria de Kianda School entran en fila –derechas y pausadas– en el oratorio de la escuela. De dos en dos, van haciendo una genuflexión perfecta ante el Sagrario; y se colocan con orden en los primeros bancos: veinte a la derecha y veinte a la izquierda:

> *«Oh mi Lady! Oh my Mother!*
> *I offer myself entirely to you*
> *and in prove of my filial affection*
> *I consecrate to you*
> *my eyes, my ears, my tonge, my heart...*[67]

Las alumnas recitan, al unísono, su ofrecimiento del día a la Virgen, con sus pequeñas voces, la atención centrada en el retablo del oratorio, el rostro serio, mientras llevan su mano, al irlos nombrando, a sus ojos, sus oídos, su lengua, su corazón...

El retablo del oratorio llegó desde Europa, y Sol tuvo que

[67] «Oh Señora mía, Oh Madre mía, yo me ofrezco enteramente a ti y, en prueba de mi filial afecto, te consagro mis ojos, mis oídos, mi lengua, mi corazón...»

restaurarlo porque se estropeó en el viaje. Ese retablo cuenta en sus escenas la vida de la Virgen y de su Hijo: es una lección de catequesis que van aprendiendo las estudiantes desde la Primaria.

En Kenia, los católicos actuales son, en realidad, los primeros cristianos del país. El centenario de la cristianización se celebró en 1990; en la actualidad hay muchos bautizados entre la generación joven y el número aumenta cada año en todas las diócesis. También hay bastantes padres bautizados en la Iglesia católica, pero, en pocos casos, se llega a la generación anterior, a la de los abuelos. Por esa razón, en Kenia son excepción los santuarios y ermitas erigidos en honor de la Virgen María; no hay romerías populares ni lugares de peregrinación como en otros países de tradición católica de siglos[68].

Un día, con una amiga italiana, visité una iglesia que en Nyeri construyó el gobierno italiano para enterrar y honrar a sus soldados muertos durante su última campaña en el Norte de África.

El edificio, magnífico, tenía en su nave central, frente al altar, el catafalco del general que murió con aquellos soldados. Mi amiga me explicó que era de la nobleza italiana y que podía haberse salvado él solo, pero que prefirió no abandonar a los que estaban bajo sus órdenes. A ambos lados de esta nave central había varias capillas, dedicadas a distintas advocaciones de la Virgen; en ellas, a derecha e izquierda de cada altar, y desde el suelo hasta el techo, había féretros de soldados. Eran muchos, y el templo bello, digno, construido y conservado con admiración y cariño para aquellos hombres jóvenes –¡tantos!– que habían muerto por su patria en un país lejano.

Una de esas capillas estaba dedicada a una advocación de la Virgen que hasta entonces desconocía:

«Our Lady of Mount Kenya»[69]

La cartela tenía dibujada, detrás de la inscripción, la silueta de la montaña en blanco, y el campanario de una iglesia. Pensé:

---

[68] A finales de los años 80, los obispos de Kenia pensaron en construir, con el esfuerzo de todas las diócesis, un Santuario Mariano; pero aún no han podido hacerlo.

[69] Nuestra Señora del Monte Kenia.

¡Una ermita dedicada a la Virgen! Y además, ¡en el Monte Kenia! ¿Quién la habrá construido allí? Me la imaginé de madera, en medio de los picos nevados, con un pequeño campanario de una sola campana, tal como la estaba viendo en el dibujo de Nyeri.

Pasó mucho tiempo, y un día fui con un grupo de estudiantes a subir el Monte Kenia. Acampamos en Naro Moro, nombre de uno de los ríos que bajan desde las cumbres de la montaña; río truchero, casi helado –tan cerca está de las nieves donde nace–. El río va haciendo crecer árboles inmensos, huertos de frutales y jardines de orquídeas.

El Naro Moro es salvaje, sin casas ni poblados cerca; con su belleza para él solo y para algunos hombres –pocos– que vienen a descansar pescando o a agotarse escalando la montaña.

Allí pregunté cómo se podía llegar a la iglesia de la Virgen del Monte Kenia; nadie había oído hablar de ella. A la mañana siguiente subimos a la misión de las Consolatas, en la falda de la montaña, para hacer oración y oír Misa. Al terminar, me dirigí a una de las monjas:

–Hermana, ¿sabe usted dónde está la ermita de la Virgen, allá arriba?

–Yo no, pero le pregunto ahora mismo al jefe de expediciones.

Aquel *amigo íntimo* del Monte Kenia dijo rotundamente que arriba no había nada construido excepto dos refugios para los montañeros.

–Pero, ¿no había antes una ermita pequeña, de madera?

–No, nunca existió una ermita allá arriba; seguro: conozco el Monte Kenia desde hace más años de los que quiero contar.

Con esto, se acabó mi novela de ver a la Virgen venerada en la «Montaña Sagrada» de los Kikuyu; y, sin embargo, aquella iglesia italiana de Nyeri tenía demasiado cariño a sus muertos y demasiada piedad como para *inventar* una advocación de la Virgen sin base real.

«Bueno, pensé, el caso es que no existe. Habrá que reunir gente y construir un día la ermita en la montaña. Habrá que hacerlo.»

Ya estábamos ante la entrada del monte, empezando a ver los

primeros *kudus*[70], y cuando nos bajamos del coche, encontramos búfalos paciendo[71].

Siguió pasando el tiempo y volví al Monte Kenia; esta vez, al extremo más lejano del Naro Moro, al Game Range, que inició William Holden para recoger animales perdidos o en peligro de extinción. La subida por este lado es fuerte, con muchas vueltas: es selva virgen y hay pájaros, arroyos, mucho frío, mucha niebla: aquel día, allí en las laderas, no vimos la montaña. Al doblar una de las curvas del sendero, encontramos unos grandes edificios de piedra gris, escondidos en el verde de la selva; y un nombre en la entrada: Our Lady of Mount Kenya.

Era una abadía benedictina escondida en aquel bosque tropical, frondoso y verde que cubre las laderas del Monte Kenia, donde el Santísimo estaba expuesto todos los días del año, y donde los monjes permanecían, de rodillas, en oración.

La labor apostólica del Opus Dei en Kenia creció siempre con la intercesión de la Virgen. Ella nos protegió ante las dificultades.

Cada año, por unas razones o por otras, había que hacer bastantes viajes para visitar a tribus fuera de Nairobi. Aparte de atender a la necesidad concreta del viaje, se buscaba la manera de reunir un grupo de mujeres casadas de la comarca que fueran ya amigas o conocidas de las que hacían el viaje, el *safari*, para darles clases de doctrina cristiana. Aquellas reuniones eran deliciosas y numerosísimas: todo el mundo estaba contento de verse otra vez –nosotras las primeras– y de *aprender:* ese hambre bendita de África. La verdad es que todas aprendíamos.

No veíamos a esos grupos más que una vez al año, como máximo, pero asimilaban y ponían en práctica lo que oían; eso les hacía cambiar profundamente.

–Desde que me enseñaste que puedo santificarme trabajando

[70] Antílopes propios de las grandes alturas.

[71] Es el Monte Kenia uno de los parques nacionales más altos del mundo, a una altura de 17.058 pies y con 704 km^2 de extensión. En las llanuras junto a las faldas del Kenia hay elefantes y rinocerontes. Éstos causaban daño en las fincas cercanas, y durante los años 80 se les fue trasladando a parques nacionales.

en el campo, voy a trabajar con más alegría –me dijo una de ellas.

–Desde que nos diste la estampa para la devoción privada de *Yosemaría,* visitamos con ella a los enfermos; y muchos se curan.

–Todos rezan y ofrecen sus dolores –añadió otra.

Una de las lecciones primeras se dedicaba al rezo del Rosario. Llevábamos unas hojas impresas en las que se explicaba la forma de rezarlo; y no hacía falta más. Al año siguiente, cuando iban contando lo que habían hecho, nos dábamos cuenta de que se había llenado de avemarías la *shamba,* el camino de ida y vuelta al río a buscar agua, las canciones de cuna al dormir al último bebé...

–En los atardeceres, nos sentamos frente a los *huts* a descansar y rezamos juntas por nuestros hijos –oí decir con emoción.

–Les he enseñado a mis hijos que una hora de estudio, puede tener el valor de una hora de oración.

–En el campo, tengo tiempo de rezar tres partes del Rosario: una por el Papa y la Iglesia; otra, por mi familia; y la tercera por el Opus Dei, desde que tengo a mis dos hijas con vosotras –me explica en una ocasión otra de ellas.

Lo más importante de estas clases era el eco que tenían: cada mujer hablaba a sus amigas y éstas a otras. Cuando volvíamos por allí era el sacerdote de cada área el que nos daba las gracias y nos animaba a seguir, porque veía los frutos en su parroquia.

Durante los primeros años de mi llegada a Nairobi oí un slogan que estaba haciendo mucho bien: «La familia que reza unida, permanece unida». Lo que más amenazaba la unidad de las familias en aquella época –en los años 60 y 70– era la poligamia; más adelante –en los 80 y 90– empezaba a introducirse ya la droga entre la gente joven.

La mujer keniana es rezadora: es frecuente verlas en los autobuses con el anillo-rosario entre los dedos, aprovechando el tiempo del trayecto. Y por las noches rezan el Rosario con los hijos.

Agnes y Consolata habían sido alumnas de Kibondeni y ahora pertenecen al Opus Dei. Pregunté a su madre cómo había conseguido que fueran tan buenos católicos todos sus hijos –eran muchos, y todos buenos profesionales–. Me contestó:

–Yo no estaba cerca de ellos: sus escuelas estaban lejos y los tenía internos. Sólo podía rezar de rodillas muchos Rosarios a la Virgen. Eso hice todos los días.

Me gustó la *organización* de la familia de Carol, una Luo amiga de todas nosotras en Watani: en la habitación del padre se reunía la familia entera cada noche: los hijos mayores, universitarios ya, y hasta los muy pequeños. El padre rezaba el primer misterio en latín; seguía la madre, con el segundo misterio en Luo, y después, por turno, continuaban los hijos en inglés. El padre terminaba, en latín otra vez, las letanías de Nuestra Señora.

La primera romería[72] a la Virgen, al llegar al país, se hizo a la ermita de Santa María de los Ángeles, una capilla pequeña, cerca del lago Naivasha. Fue construida por los prisioneros de guerra italianos después de la Segunda Guerra Mundial. Uno de sus trabajos fue la construcción de la carretera general de Nairobi a Nakuru. Un grupo empezó desde Nairobi y el otro, desde Nakuru. Y se pusieron de acuerdo para construir una ermita a la Madonna en el punto donde se encontraran los dos grupos. Esto ocurrió en el Escarpment, uno de los lugares de mayor belleza del Valle del Rift, con sus terrenos volcánicos que contienen los sustratos más antiguos del continente africano.

El emplazamiento de la ermita es atrayente, entre el verde frondoso y el monumental acantilado del fondo. En la ermita, detrás del altar, hay una pintura al fresco representando el Nacimiento. Y en el frontal del altar, la inscripción: *Sicut dilexi vos*, recordando la enseñanza de Jesús sobre la caridad.

A esta primera romería siguieron muchas desde Kianda, Tigoni, Kibondeni, Faida, Glenview, Watani, Kimlea, Malikiwa, Fanusi... es decir, desde todos los centros del Opus Dei en Kenia. Niñas de la Escuela Primaria, universitarias, alumnas de los clubs, estudiantes de la Escuela Secundaria, alumnas de la Escuela de Hostelería; madres de familia y profesionales con sus hijos y maridos; empleadas del hogar; amigas que llevan a sus amigas.

---

[72] La romería es una tradicional devoción mariana que consiste en acudir, con espíritu penitente, a una ermita o santuario dedicado a la Virgen, y rezar los quince misterios del Rosario. La costumbre invita a recorrer, al menos, parte del camino a pie.

Cuando se contaba con más tiempo solíamos ir cerca de Ruiru, a una iglesia protestante donde se había bautizado Jomo Kenyatta. Allí había –como decoración de una de las paredes– una vidriera antigua de gran tamaño, emplomada, que representaba a la Sagrada Familia en el momento de la Presentación del Niño Jesús en el Templo. San José llevaba la jaula con las dos tórtolas. Se rezaba bien allí, ante aquella escena. En una inscripción se leía que la vidriera había llegado en barco hasta Mombasa, en 1925. Como nuestro retablo de Kianda, pero éste en 1985.

Durante los años que pasé en Kibondeni, las romerías eran también penitentes, porque sólo teníamos tiempo disponible entre las dos y las tres y media de la tarde –antes había trabajo; y después, clase en la Escuela–. En aquellas horas, el sol quemaba y no se movía una hoja; y entonces no había camino hecho hasta el convento de las Carmelitas, que era la meta de nuestras romerías. Hasta allí subíamos, caminando entre piedras durante más de una hora.

Naomi, que después de convertirse solicitó la admisión en la Obra y ahora está en Nigeria, me contó en una de esas subidas cómo de pequeña había oído hablar de la Virgen –Mariamu– y le tenía afecto, aunque en aquella época desconocía la fe cristiana.

Como esta historia de Naomi, oí muchas en las que la Virgen tuvo parte importante en una conversión o una vocación. No me es posible contarlas, aunque guardo como tesoros esos recuerdos. Sólo voy a apuntar la de Grace, que tenía una hermana, Florence, que era católica.

Grace fue la única estudiante –que yo recuerde– que nunca quiso entrar en el oratorio de Kibondeni para nada: ni para oír una meditación, ni para una fiesta solemne: nada. En cambio, nos recordaba la hora de rezar el Ángelus, a las 12 de mediodía, cuando se nos habían pasado apenas unos minutos. Lo rezaba de pie, con todas, y alguna vez la vi levantar la vista de lo que estaba haciendo y mirar el bajo relieve de la Virgen que teníamos en el patio.

Después de muchos años, vino Florence a saludarnos y le pregunté:

–¿Y Grace? ¿Qué fue de ella?

—Vive en Mombasa y tiene un buen puesto de trabajo. Se casó con un chico católico, se convirtió y todos los hijos están también bautizados.

Pensé que una vez más todo había empezado con la Virgen.

La primera Kisii que conocí me enseñó la única oración a la Virgen que conozco en ese idioma:

«Ngina otosapere» (Señora, compadécete).

Chepkoetch me cuenta cómo en su tribu Kalenjín, al igual que en todas las otras, se creía en un solo Dios; que para ellos estaba en el sol. A él se le ofrecía, en el día más largo del año, el cordero más blanco de los rebaños. En tiempos de su abuela llegaron misioneros católicos y protestantes, y su abuela iba una semana a escuchar las explicaciones de una misión y a la semana siguiente las de la otra. Y fue la Madre de Dios la que le hizo bautizarse como católica, después de algún tiempo. Pensó —entre otras muchas cosas— que una religión que tenía una Madre como la Virgen María debía ser la mejor de todas.

Hablábamos de la Virgen mientras subíamos la cuesta de las Carmelitas. Nosotras íbamos sólo por las tardes, pero de Kianda, Faida y los otros centros iban a otras horas; las monjas dejaban siempre su capilla abierta para nosotras.

Era el convento de las Carmelitas un oasis verde, y la salmodia de las monjas detrás de las rejas, un testigo de la fe de la Iglesia en aquél país que se despertaba en tantos campos; también en el religioso.

«Salve, Madre Soberana del Redentor,
Puerta del cielo, siempre abierta, Estrella del mar.
Socorre al pueblo que sucumbe y lucha por levantarse,
Tú, que para asombro de la naturaleza
has dado el ser humano a tu Creador.»

La oración que rezaba aquellas vocaciones de contemplativas subiría hacia la Virgen unida a nuestras avemarías, a los Rosarios, al trabajo de los campos hecho en su nombre, al esfuerzo por mantener la familia unida, al dolor de dar a luz un hijo que luego se vuelve acción de gracias. Una oración que sube hacia la Señora desde las nieves perpetuas del Monte Kenia hasta los arrecifes de corales de Mombasa, Malindi y Lamu.

Quiero terminar estos apuntes sobre la devoción a la Santísima Virgen con un pensamiento sobre Kenia de Su Santidad, Juan Pablo II; al final de su segundo viaje a este país, visitó el convento donde solíamos ir de romería y dirigiéndose a aquellas religiosas, dijo, como pensando en voz alta:

«Kenia puede ser un país católico.»

TODAS LAS TRIBUS NOMBRAN UN *ELDER*

El Fundador del Opus Dei no pudo venir a África, aunque cuando falleció, en 1975, ya estaba trabajando la Obra en dos países africanos: Kenia y Nigeria. Pensábamos que, después de su último viaje a América, ese mismo año, África sería el próximo continente que visitaría; pero no llegó a ser así.

Su sucesor, el actual Prelado del Opus Dei, Mons. Alvaro del Portillo y Díez de Sollano, quiso conocer a sus hijos de África y a sus familias. Cuando nos visitó, la gente del Opus Dei llevaba trabajando en Kenia cerca de 30 años.

Aquellas pocas mujeres, que empezaron a aprender kiswahili y a conocer el país y sus tribus en Invergara, se habían multiplicado con chicas africanas que ahora eran las que impulsaban las labores apostólicas. Además, mujeres de la Obra kenianas habían ido saliendo del país para iniciar el trabajo en Nigeria, Zaire, Costa de Marfil y Camerún.

Después de varios años, aquellas labores apostólicas comenzaban a mostrar los primeros brotes en la *shamba*. De la semilla original del College –en la casa minúscula de la finca de pocas hectáreas– había surgido la Residencia y, luego, la Escuela Primaria y Secundaria. Cuando las vocaciones fueron muchas y necesitaban formación y campo apostólico, se hicieron necesarios otros instrumentos: Roshani y Glenview; más tarde, Malikiwa, Faida y Fanusi.

Kibondeni fue la *cepa madre* de la Escuela de Hostelería, y desde esta labor, surgieron Watani y Kimlea, con su catequesis rural. Poco después, la Escuela de Agricultura, labor netamente social.

A 2.000 metros de altura, en el distrito de Kiambú, solo, entre plantaciones de té y cafetales, está Tigoni, con sus tres edificios llenos durante todo el año de personas que acuden a las distintas actividades de formación espiritual y doctrinal. En 1992, a Tigoni sólo le faltaba una ermita dedicada a la Virgen, que tiene ya hecho su plano de construcción y fijado su lugar en el terreno.

En la época en que vino el Prelado del Opus Dei a vernos, se hacían viajes mensuales en avión a Mombasa –y también, a Nakuru– para impartir medios de formación cristiana a las personas de la Obra que vivían allí.

En Nyeri, Kakamega, Mukumu, Embu, Machakos, Kilungu y ahora en Eldoret, con su incipiente Universidad, y en otros lugares, hay mujeres del Opus Dei y amigas que ya tienen distintas profesiones: enfermeras, agricultoras, maestras, administradoras de hospitales, asistentes sociales, directoras de escuela, abogados, secretarias, mujeres de empresa, que han hecho sus estudios en centros docentes promovidos por la Obra o han estado cerca de alguna de sus labores. Había llegado formación cristiana y bienestar material a muchos hogares africanos.

Quince días antes de su llegada, supimos que el Padre vendría a Kenia. Concretamente nos enteramos el 11 de marzo, fecha en que el Padre cumplía 75 años: era el año 1989. Ese día, precisamente, había en Roshani un curso profesional con unas dos docenas de asistentes, que se ofrecieron para decorar el hall de las reuniones generales –lo hizo Bharti, una musulmana–, transportar en sus coches lo necesario y distribuir las invitaciones. No quedaba mucho tiempo.

En África, una visita es siempre una alegría. Y la visita de un sacerdote que viene de lejos se entendió desde el principio como un gran honor y una bendición de Dios.

También ese día, 11 de marzo, un grupo de mujeres casadas

del Opus Dei estaban asistiendo en Tigoni Study Centre a unas conferencias de formación doctrinal. Ellas explicaron a Berny cómo les parecía que debía organizarse la recepción del Padre:

—Nos gustaría hacerlo nosotras y nuestras familias —dijo Irene, que es Kikuyu.

—Y debemos nombrarle *Elder* —dijo Bernardet, que es Luo—. Es lo que hacemos, por tradición, cuando recibimos a alguien que se respeta y al que quiere toda la tribu.

Zípora, que es Akamba, dijo:

—Le tendríamos que considerar Elder de los Luo, y de los Kikuyu y de los Kalenjín, los Swahili..., porque tiene hijos en todas las tribus.

La figura del *Elder* o senador corresponde a los cabezas de familia que tienen hijos ya crecidos y que han sabido dirigir sus casas con prudencia. Se encuentra como pieza fundamental en el gobierno de todas las tribus de Kenia, sean de origen bantú, cushita o nilótico.

—Todo esto —dijo Berny— está bien entre nosotros, pero ya sabemos cómo han sido las visitas del Padre en otros países. Hemos visto películas que recogen como le recibieron en México, Alemania, Estados Unidos, Filipinas. La gente escucha, aplaude a veces: eso es todo.

—En Europa, Asia y América tienen sus costumbres —dijo Eugenie—. África tiene las suyas. Y el Padre, ahora, viene a África.

Y entre todas empezaron a decir qué símbolos deberían acompañar la investidura de Elder: un asiento, con cuentas de colores incrustadas, propio de los jefes Kamba: un escudo de piel de búfalo y la lanza de los guerreros Maasai; un cetro de cola de león de los jefes Kikuyu y una cabra grande, de un tipo y color especiales, que no puede faltar en ninguna tribu cuando se presenta una ocasión solemne.

Mary, de la tribu Embian, explicó a Berny:

—Nuestros maridos harán la presentación de los símbolos al Padre, subiendo al estrado. Nosotras, de lejos y cantando el himno tradicional de las reuniones de familia, iremos llevando sobre la cabeza cestos de sisal, tejidos por nosotras mismas, que irán llenos de ofrendas de los frutos del campo.

Y así fue como empezó la primera reunión general en el Kenyatta Conference Centre, el magnífico edificio de estilo «Rondael» africano con su hall central en forma de hut.

En la plaza circular, frente al edificio, está la estatua de Jomo Kenyatta –*Baba Taifa,* el Padre de la Nación–, fundador de la Kenia moderna. Las grandes fuentes de la plaza estaban funcionando cuando el Padre llegó a la tertulia donde 4.000 personas fueron a saludar, a escuchar y a agradecer al Padre su visita. Acudieron también a nombrarle *Elder* gentes de todas las tribus, entregándole los correspondientes atributos.

El Padre comenzó a hablar, citando un proverbio Swahili que leyó en ese idioma y luego tradujo. Centró en él su conversación inicial:

–*Kwa mwendwo gatiri kirima.* (Al subir hacia la casa del amado, no se notan las montañas).

Partiendo de esa metáfora explicó a los asistentes cómo debíamos acercarnos a Dios; una subida esforzada y amorosa buscándole: eso es la vida del cristiano.

Todos los ojos estuvieron fijos en el Padre, receptivos, atentos.

Los frutos del apostolado de su viaje empezaron allí, en las propias tertulias. Luego, como todas las lecciones que a los africanos les llegan al corazón, madurarán interiormente con pausa; y saldrá una respuesta positiva que envuelve a la familia, al clan. Cada persona hablará mucho de lo que ha oído y no lo olvidará. Recordarán la visita del Padre, porque en África no se olvida a las personas. Y a un sacerdote que llegó de tan lejos para visitarles y hablarles de Dios, lo recordarán siempre.

Al segundo encuentro con el Padre, acudieron familias de lugares lejanos, que no habían podido llegar antes porque no habían recibido la noticia por correo. Algunos venían de la frontera de Uganda, después de un viaje de varios días; otros, de la Costa y de las orillas del Lago Victoria. A veces, de un matrimonio que hubiera querido venir, sólo pudo hacer el viaje el marido o la mujer: no había dinero para los dos.

De otras familias llegaron juntas hasta tres generaciones:

abuelos, padres y hermanos de miembros del Opus Dei. Vinieron también enfermos y madres con bebés de pocos meses. Había familias con dos o tres hijos de la Obra, sentados a su lado.

En las dos tertulias generales se reunieron, para escuchar a Monseñor Alvaro del Portillo, de 4.000 a 5.000 personas en cada una. Había traducción simultánea al kiswahili y al inglés.

El programa de noticias nacionales retransmitió imágenes de la segunda reunión. El Padre estuvo con nosotros diez días y, cada tarde, tuvimos encuentros con él en algún centro de la Obra. Se reunían unos pocos cientos de personas y el Padre les hablaba de temas relacionados con la doctrina cristiana.

La primera de esas tertulias fue en Kibondeni; allí teníamos preparada una canción Maasai y dieciséis tambores para recibirle; la canción comenzó cuando vimos que el coche que traía al Padre entraba en el jardín de la Escuela:

Obarebare le nainki aemo
O hiya Hoiya leiyo
nananyare lemye pap alimro
o kuyayo hoiye leiyo
nanyo loman unkuni naindungoki

(Salí de casa para ir a ver al Padre.
Cuando empezó a hablar, le rogué silencio
pues quise primero expresarle yo
mi alegría de verle.)

Los tambores tenían cada uno su nota propia (su propio *beat*) y su ritmo único, mezclado con las notas y los ritmos de los otros tambores. Las voces, poderosas, capaces de llenar los grandes espacios abiertos, y la buena acústica de aquel patio de columnas de piedra, hicieron que recibiéramos al padre con un torrente de sonidos.

Mons. Alvaro del Portillo también fue a Fanusi[73]. Allí recibió

[73] Toma su nombre de la lámpara que los barcos árabes encendían para que les viesen llegar desde el puerto.

a la familia de las hermanas Nabangi. El matrimonio tenía dos hijas de la Obra: una en Zaire y otra en Nigeria. Ellos vinieron de lejos, de Bungoma, y estuvieron con el Padre largo rato. Les preguntó si les podía dar un consejo. Fue éste: mantener la devoción a la Virgen.

Los padres de tres chicas Bulejani de la Obra, también fueron a ver al Padre. Creo que esta familia le impresionó mucho por su fe cristiana.

En Kianda presentaron al Prelado del Opus Dei trabajos de las alumnas, y las profesoras le saludaron –las hindúes y musulmanas con su manera tradicional–; estuvo un rato con las estudiantes de la Escuela de Hostelería, que le mostraron las frutas y verduras exóticas del país y le enseñaron sus nombres.

Al terminar, las pequeñas de la Primary School recitaron a coro una oración que habían aprendido aquel trimestre y le fueron regalando ramilletes de flores que ellas mismas habían recogido el día anterior. A una de ellas, las flores no le debieron parecer suficiente y al dárselas abrió la otra mano, donde bien guardados tenía dos caramelos:

–*Only for you* (sólo para usted) –le dijo al padre.

Uno de los últimos centros que visitó el Prelado del Opus Dei fue Kimlea. En el oratorio dedicado a la Sagrada Familia (en el retablo está representado San José enseñando a leer al Niño, mientras la Virgen cose), celebró el Padre la Santa Misa. Allí estaban las que pronto se marcharían al Camerún y las que ahora están en Roma, quizás para ir al próximo país africano donde se inicie el trabajo de la Obra.

Tuvimos tertulia en la parte del jardín desde donde se ve el Kilimanjaro y empiezan a descender los bancales con plantaciones de café que llegan hasta Nairobi. Elegimos esta zona porque es plana y amplia. Al final, el Padre plantaría un *mugumu*, el árbol grande de los Kikuyu que necesita mucho terreno para extender lejos sus raíces.

Todas estuvimos alrededor del Padre mientras lo plantaba, y Cuca le contó, en pocas palabras, la leyenda del *mugumu* y del origen de la tribu Kikuyu:

Según la leyenda, Dios, *Ngai,* creó al primer hombre, Gikuyu; le regaló una tierra de bellas selvas, largos ríos y la montaña alta de Kiriniaga, el Monte Kenia, que Dios señaló como signo de su gloria. Y Dios mandó a ese primer hombre que construyera una aldea junto a unos grandes árboles, *muguma.* Al acercarse a ellos Giyuku vio a la primera mujer, Mumbi, creada por Dios, y tuvieron nueve hijas, bellas y sabias.

Gikuyu pidió a Dios maridos para sus hijas y por la noche, cuando volvió al árbol *mugumu,* como Dios le ordenó, encontró nueve hombres altos y fuertes. Y, así, nacieron los nueve clanes de la tribu Kikuyu, que llevan los nombres de las madres y son los actuales nombres de todas las mujeres de esta tribu: Wanjiku, Wambui, Njeri, Wanjiru, Nyambura, Waithira, Wangui, Wairimu y Wangari.

Edith, miembro del Opus Dei, viajó desde Uganda y trajo la talla de ébano de una Virgen ugandesa, para que el Padre la bendijera.

Cuando Uganda fue llevada al desastre, durante los años en que gobernó el General Amín, murieron muchos ugandeses y algunos consiguieron salir del país. Edith huyó con su marido y sus hijos por la frontera sur, hacia Kenia, perdiendo su posición social –su marido era Ministro del Gobierno de Obote– y su desahogada posición económica.

En Nairobi, Edith encontró la Obra y su vocación. Abiertas las fronteras de Uganda, al derrocarse el Gobierno de Amín, Edith y su marido volvieron a Kampala, donde ella está haciendo una gran labor cristiana en su puesto de trabajo y entre sus amigas.

El Prelado del Opus Dei recibió a Edith y a dos de sus hijas –una de ellas, de la Obra– en Glenview.

–Padre –dijo Edith–, mande, por favor, hijas suyas a iniciar el Opus Dei en Uganda. Allí la gente está sedienta de Dios. Yo les enseño todo lo que he aprendido en la Obra, pero ya no puedo hacer más, y nuestro Fundador repetía, en su predicación, las palabras de Jesús: *«He venido a traer fuego a la tierra y, ¿qué quiero sino que arda?»*[74]. Aquello puede arder, hay muchas personas esperando.

El Padre le aconseja que pida a Dios lo que acaba de pedirle a él. Luego le bendice la imagen de la Virgen y le aconseja que la tenga con ella en Kampala. Allí la encontrarán las que vayan a comenzar el trabajo apostólico de la Obra en Uganda.

Monseñor Alvaro del Portillo vio en Kenia el fruto incipiente de muchos años de trabajo: hijas suyas africanas, asiáticas, europeas y estadounidenses –un mosaico de razas y tribus– viviendo y trabajando unidas por un mismo ideal y un idéntico amor por el país y por sus gentes. Vio el Padre a jóvenes estudiantes –universitarias o no– con ilusión por formarse cultural y humanamente; mujeres casadas que habían aprendido a santificar el trabajo del hogar y la tarea profesional; y padres con interés por conocer cómo educar a sus hijos dentro de una sociedad en cambio.

Por las mañanas, cuando el Padre se dirigía a celebrar la Santa Misa en los distintos centros de la Obra, encontraba, en aquella hora temprana, a cientos de personas caminando deprisa hacia su trabajo.

–Este es un país en marcha –nos dijo con buen humor. Dentro de un cambio social que puede parecer vertiginoso en sus últimos treinta años y que por eso, ha dejado lagunas inevitables en muchos terrenos, hay elementos básicos estables: la creencia en Dios que está sobre el resto de las cosas, lo profundamente humano de las tribus, los lazos íntimos de la familia. Kenia, en verdad, es una nación en marcha en muchos sentidos; un país joven y en crecimiento.

Kenia, vieja y joven; rasgos del pasado, en ella aún nuevos; pueblos guiados por su religiosidad, por la naturaleza, por sus tradiciones y por su sabiduría.

El día 7 de abril estuvimos en Fanusi –el Study Centre para universitarias– buena parte de la mañana; el Prelado consagraba el altar en una ceremonia solemne y recogida, con estudiantes de las diversas facultades del Campus llenando el oratorio y el estudio limítrofe. Para cantar la misa, al coro de Malikiwa se habían

[74] Luc. 12,49

unido chicas del Kenyatta College y de la Central; después las universitarias se colocaron alrededor del Padre y explicaron, preguntaron, pidieron su opinión y le dieron las gracias.

El Prelado de la Obra nos dejó muy poco después; el último día nos bendijo y rezó una salve con nosotras ante una imagen de la Virgen en Glenview, donde dejamos una lámpara encendida hasta que el Padre llegó a Roma.

Empezaba a lloviznar cuando el coche que se llevaba al Padre salía de la finca. Éramos un buen grupo las que seguíamos allí en el jardín, calladas ahora, mirando al coche que se perdía de vista.

«Ahora, pensé, sí que comienza una etapa nueva; ahora todo será algo distinto y nuevo porque el Padre ha pasado por nuestro país.»

Comenzó a llover con más fuerza, estábamos en abril; habían llegado las lluvias largas.

ASANTE

En este libro breve, he tratado de reflejar algo de los veinticinco años vividos en África. Sólo he querido presentar, en unas pinceladas, un país de gran riqueza natural y de una inmensa belleza; y unas tribus que, con un paganismo de milenios, dan hoy al mundo un ejemplo espléndido de virtudes humanas y de apertura a Dios.

Desde el inicio del trabajo apostólico de las mujeres del Opus Dei en Kenia, hubo una protección especial de Dios para con nosotras, y un torrente de gracia sobre las gentes que se nos acercaban. No especifico ninguno de estos aspectos: necesitaría, para ello, otro tipo de libro. Sólo he anotado, deprisa, cómo se desarrollaron los dos primeros proyectos educativos, cómo dieron origen a los siguientes, que también crecieron e hicieron surgir otros sucesivamente. Cuando el Prelado del Opus Dei nos visitó en 1989, un total de 9.000 personas le escucharon en las dos reuniones generales organizadas en Nairobi.

Y al lado de la acción de Dios, el modo de ser africano, que en su mundo espontáneo, inmediato, simple y auténtico, ayudó a esta labor magnífica. Providencia de Dios y respuesta humana llena de fe, así podría resumir la acción del Opus Dei en Kenia desde 1960.

Hubo también otro sumando: el trabajo abnegado del primer grupo de mujeres de la Prelatura, en las que el Fundador confió para empezar la labor en el país. Las que llegamos después, encontramos ya señalizado el camino a seguir: un trabajo duro que exigía valentía en los momentos difíciles (que los hubo y de muchas clases) y de heroísmo diario. Y creo que no debe omitirse ni una letra de estas dos últimas palabras.

Asante *significa «gracias» en kiswahili; quiero darlas por la alegría gustada al mirar la sabana inmensa del Masaai-Mara en época de migraciones, y el desierto Somalí de dunas sin fronteras, y el profundo silencio de la naturaleza junto al lago Bogoria, teñido con el rosa de sus flamencos.*

Asante *por mis años en Kenia, junto a sus moradores de ébano, de hospitalidad amable* –Salama!– *y de puertas siempre abiertas* –Karibu!– *en sus hogares.*

Asante sana!, *¡Muchas gracias!*

GLOSARIO DE TÉRMINOS EN KISWAHILI

Apana: No.
Akuna: Ninguna, nada.
Asante: Gracias.
Askari: Soldado, policía, guarda.
Asubuhi: La mañana.

Baba: Padre.
Banda: Casa.
Bara-Bara: Camino, carretera.
Baraza: Reunión.
Bui-bui: Manto negro que las mujeres Swahili llevan sobre sus vestidos al salir a la calle.
Bwana: Señor.

Cansu: Kanzu.
Cassava: Tubérculo.
Chapatis: Tortas de harina, muy planas. Se usan como pan para acompañar guisos.
Chakula: Comida.

Dawa: Medicina.
Dhows: Embarcación de vela usada por los árabes en sus viajes a las costas africanas, aprovechando la regularidad de los monzones.
Duka: Tienda donde se vende de todo; en lugares pequeños.
Elder: Hombre que por su edad y prudencia tiene ascendiente en el clan.
Enkang: Poblado Maasai donde viven familiares, no los guerreros.
Furaha: Alegría.
Habari: Saludo equivalente a ¿cómo estás?
Haraka: Deprisa.
Harambee: Todos a una.
Hatari: Peligro.
Itega: Fiesta con que se celebra el nacimiento de un niño (kikuyu).
Itura: Aldea, entre los Kikuyu.

Jambo: Alternando con «Jambo sana» es un modo de saludar.
Jiko: Hornillo metálico, muy simple, que funciona con carbón vegetal.
Jioni: La tarde.

Kanga: Trozo de tela de algodón con estampados de mucho colorido que puede usarse de distintas formas.
Kanzu: Vestidura larga, blusón hasta los pies, generalmente blanco.
Karibu: ¡Bienvenido!
Kelele: Ruido.
Kidogo: Un poco.
Kikapu: Cesto de sisal hecho a mano.
Kimia: Silencio.
Kiondo: Cesto hecho a mano con fibra vegetal.
Kitambá: Pañuelo de colores que se lleva a la cabeza.
Kitenge: Vestido de algodón estampado de colores vivos, largos y amplio.
Kudu: Antílope de gran tamaño que vive en las grandes alturas.
Kuni: Leña, carbón vegetal.
Kwaheri: Adiós.

Lala: Dormir.

Maji: Agua.
Makindu: Palmera.
Mandazi: Especie de bollo hecho de harina, azúcar, agua y levadura.
Matatu: Furgoneta que se usa como transporte de viajeros una vez que se le instalan los asientos.
Mbaya: Malo, mala.
Mbili: Dos.
Memsahib: Señora.
Mingi: Mucho.
Mkate: Pan.
Morán: Guerrero de la tribu Maasai.
Moya: Uno.
Mtoto: Niño (en singular; en plural: watoto).
Mucil: «Homestead» entre los Kikuyu
Mugumu: Árbol sagrado de los Kikuyu.
Mungu: Dios en kiswahili (para los kikuyu: Ngai; para los Luo: Nyasaye; para los Maasai: Enkai).
Mutura: Acompañamiento que se prepara para los asados de cabra.
Mwalimu: Maestro.
Mzee: Señor, anciano.
Mzungu: Persona de raza blanca.
Mzuri: Bueno.

Ndugu: Hermano.
Ngoma: Fiesta.
Ngoya: Esperar.
Nyanya: Abuela.

Oret: Camino.

Paw-paw: Papaya.
Panga: Machete con mango de madera con el que, entre otros trabajos, las mujeres, laboran la tierra.
Posho: Plato compuesto de maíz y verduras.

Rafiki: Amigo.
Ruoth: Jefe elegido entre los *Elders* (en la tribu Luo).
Rukenge: Recién nacido, niño muy pequeño (meru).

Safari: Viaje.
Sahani: Plato.
Salama: Saludo con el que se desea felicidad.
Sasa: Ahora.
Shamba: Finca pequeña ya cultivada.
Shaurie: Deber, obligación, asunto.
Siafu: Una especie de hormiga.
Sufuría: Recipiente de aluminio para cocinar.
Sukuma: Variedad de hortaliza, parecida a las acelgas.

Taifa: Nación.
Tembu: Clase de bebida alcohólica, producida por la fermentación de la caña de azúcar.

Ujamaa: Costumbre tribal de cooperación y ayuda entre los miembros de la familia extensa.

Wanaínchi: Ciudadano.
Watoto: Niños.

ESTE LIBRO, PUBLICADO POR
EDICIONES RIALP, S. A.,
ALCALÁ, 290, 28027 MADRID,
SE TERMINÓ DE IMPRIMIR, EN
SELECCIONES GRÁFICAS,
CTRA. DE IRÚN, KM. 11,500 MADRID,
EL DÍA 1 DE DICIEMBRE DE 1994.

TESTIMONIOS

Yauyos: Una aventura en los Andes. SAMUEL VALERO. (3.ª edición)

Relato de una madre. VICTORIA GILLICK. (6.ª edición)

Conversión. Un viaje espiritual. MALCOLM MUGGERIDGE

Esos niños «especiales». La respuesta del amor. JEAN TOULAT

Mi pie izquierdo. CHRISTY BROWN

Un obispo en los campos de exterminio. KAZIMIERZ MAJDANSKI

Así le vieron. Testimonios sobre Mons. Escrivá de Balaguer. Edición a cargo de RAFAEL SERRANO. (4.ª edición)

Memorias de Roma en guerra (1942-1945). JOSÉ ORLANDIS

En el corazón de Kenia, 25 años de mi vida en el Opus Dei. ESTHER TORANZO. (3.ª edición)

Años de juventud en el Opus Dei. JOSÉ ORLANDIS. (5.ª edición)

Trabajando junto al Beato Josemaría. RAFAEL GÓMEZ PÉREZ. (3.ª edición)

Soñad y os quedaréis cortos. PEDRO CASCIARO. (6.ª edición)